FiNALE Prüfungstraining

Mittlerer Schulabschluss 2018
Nordrhein-Westfalen

Deutsch

Andrea Heinrichs
Harald Stöveken
Martina Wolff

Mit Beiträgen von
Peter Delp

westermann

FiNALEonline.de

Liebe Schülerin, lieber Schüler,

FiNALEonline.de ist die optimale Ergänzung zu diesem Buch.
Hier findest du folgende Zusatzmaterialien:

- die Original-Prüfungsaufgaben 2017 nach Eingabe des Codes: **DEb51yi**
- den kostenlosen FiNALE Online-Test
- allgemeine Tipps zur Prüfungsvorbereitung
- das FiNALE EXTRA-Training Rechtschreibung

Mach den Test!
Mit dem kostenlosen **FiNALE Online-Test** kannst du vorab deinen Leistungsstand ermitteln. Das Testergebnis verweist dann auf bestimmte Seiten in diesem Arbeitsbuch, mit denen du zu deinem Fehlerschwerpunkt üben kannst.

Unser Download-Angebot für Lehrer und Lehrerinnen:
die FiNALE Lehrerhandreichung zum optimalen Einsatz dieses Arbeitsbuches im Unterricht.

Einfach mal reinschauen: www.finaleonline.de

westermann GRUPPE

Druck A[1] / Jahr 2017
Alle Drucke der Serie A sind im Unterricht parallel verwendbar.

Redaktion: Katrin Spiller
Kontakt: finale@westermanngruppe.de
Layout: Druckreif! Sandra Grünberg, Braunschweig
Umschlaggestaltung: Janssen Kahlert Design & Kommunikation, Hannover
Druck und Bindung: westermann druck GmbH, Braunschweig

ISBN 978-3-14-**171806**-5

Inhaltsverzeichnis

Was erwartet dich in diesem Heft?

Du bist in der 10. Klasse und vor dir liegt die Zentrale Prüfung nach Klasse 10, das große „FiNALE". Darauf will dich dieses Heft vorbereiten. Es gibt dir die Möglichkeit, dich mit den Prüfungsaufgaben und ihren Anforderungen vertraut zu machen.

Im **Teil A** erhältst du Hinweise, wie du dich zweckmäßig auf die Prüfung vorbereiten kannst. An Beispielen lernst du Prüfungsaufgaben und ihre Bewertung kennen.

Im **Teil B** wiederholst du wichtige Arbeitstechniken und Strategien, wie du Schreibaufgaben bearbeitest. Zu jedem Arbeitsschritt – von der ersten Orientierung bis zur Überarbeitung deines Textes – bekommst du wichtige Informationen und hilfreiche Tipps.

In den **Teilen C, D** und **E** findest du Prüfungsbeispiele zu den Themenbereichen „Sprachkultur und Leselust", „Eine Frage der Beziehung" und „Medien und mehr".
Manche Prüfungsbeispiele enthalten Lösungshilfen, die darauf hinweisen, worauf du bei der Erschließung der Texte und bei der Anlage deines Schreibplans achten musst. Diese Prüfungsbeispiele sind mit dem Zusatz „angeleitetes Üben" versehen.
Andere Prüfungsbeispiele sind zum selbstständigen Üben gedacht und ebenfalls mit einem entsprechenden Hinweis versehen (selbstständiges Üben).

Teil F bietet Original-Prüfungsaufgaben, die dir einen Eindruck von den Prüfungsanforderungen vermitteln. Die zentrale Prüfungsarbeit 2017 ist zum Zeitpunkt des Drucks dieses Arbeitsbuches noch nicht geschrieben worden. Sobald die Original-Prüfungsaufgaben zur Veröffentlichung freigegeben worden sind, können sie unter www.finaleonline.de zusammen mit ausführlichen Lösungen kostenlos mit dem Codewort **DEb51yi** heruntergeladen werden.

Mit dem **Glossar** schließt dieses Arbeitsbuch zur Abschlussprüfung. Hier kannst du wichtige Grundbegriffe zur Erschließung von literarischen Texten und Sachtexten nachschlagen.

Und natürlich gibt es ein **Lösungsheft**, in dem du die Richtigkeit jedes Arbeitsschrittes überprüfen kannst. Außerdem findest du zu jeder Original-Prüfungsaufgabe eine mögliche Musterlösung, sodass du einschätzen kannst, was von dir in der Abschlussprüfung erwartet wird.

In diesem Arbeitsbuch findest du Schreibraum für wichtige vorbereitende Notizen.
Darauf verweist auf den Prüfungsvorlagen (auf blauem Fond) dieses Zeichen:

Deinen Text zur Schreibaufgabe musst du allerdings auf einem Extrablatt anfertigen.
Dies gilt auch, wenn du bei bestimmten Aufgaben diesem Zeichen begegnest:

Das Zeichen mit der Uhr findest du in den Teilen C, D und E:
Damit du ein Gefühl für die zur Verfügung stehende Arbeitszeit bekommst, solltest du dir bei diesen Prüfungsaufgaben eine Uhr bereitstellen (siehe Seite 6).

Wir hoffen, dass du dich nach der Bearbeitung dieses Heftes sicher für das „FiNALE" fühlst, und wünschen dir für die Prüfung toi, toi, toi.

Das Autorenteam

A Vorbereitung auf die Abschlussprüfung

A 1 Vorgaben für die Prüfung

A 1.1 Die Zeitvorgaben in der Prüfung

INFO

Die schriftliche Abschlussprüfung in Deutsch dauert 150 Minuten. Sie besteht aus zwei Teilen:

Teil I: Prüfung des Leseverstehens
Du sollst zeigen, dass du den Inhalt eines Textes verstanden hast. Dazu werden dir Fragen gestellt, die du in 30 Minuten beantworten sollst.

Teil II: Schreibaufgabe
Du erhältst zwei Prüfungsvorlagen zur Auswahl. Innerhalb von 10 Minuten musst du dich für eine Vorlage entscheiden. Entweder musst du einen literarischen Text (Erzählung, Gedicht) analysieren oder du musst einen informierenden Text verfassen oder die Aussagen mehrerer Texte (z. B. Sachtexte, Schaubilder, literarische Texte) vergleichen. Für diese Schreibaufgabe stehen dir 120 Minuten zur Verfügung.

Teil I
30 min

Teil II
Analysieren
(Aufgabentyp 4a)
120 min

oder

Teil II
Analysieren/
Vergleichen
(Aufgabentyp 4b)
120 min

oder

Teil II
Informieren
(Aufgabentyp 2)
120 min

1. Trage auf diesem Zeitstrahl ein, wie viel Zeit für die einzelnen Prüfungsteile zur Verfügung steht.

8.00 | 8.30 | 9.00 | 9.30 | 10.00 | 10.30 | 11.00 | 11.30 | 12.00 Uhr

2. In diesem Heft findest du in den Teilen A bis F verschiedene Prüfungsbeispiele. Schreibe die Seitenangaben auf.

Aufgaben zum Leseverstehen:

Verfassen eines informierenden Textes (Aufgabentyp 2):

Analyse eines Textes (Aufgabentyp 4a):

Analyse/Vergleich von Texten bzw. Schaubildern (Aufgabentyp 4b):

A 1.2 Erfahrungen auswerten: Zeitplanung und Zeitkontrolle

1. Für die Bearbeitung von Teil II der schriftlichen Prüfung hast du 120 Minuten Zeit. Es ist daher wichtig, dass du ein Gefühl für diese Zeit bekommst. Bearbeite die Prüfungsbeispiele in den Teilen C bis E deshalb immer mit einer Uhr und halte die Zeiten fest.

a) Prüfungsbeispiel: ______	geplante Zeit	benötigte Zeit
1. Sich über den Text/die Texte und die Aufgabenstellung orientieren		
2. Aufgabentext oder -texte lesen und Inhalt(e) erfassen		
3. Aufgabentext oder -texte untersuchen und auswerten		
4. Einen Schreibplan anlegen		
5. Deinen Text schreiben		
6. Deinen Text überarbeiten		
	120 Minuten	

b) Prüfungsbeispiel: ______	geplante Zeit	benötigte Zeit
1. Sich über den Text/die Texte und die Aufgabenstellung orientieren		
2. Aufgabentext oder -texte lesen und Inhalt(e) erfassen		
3. Aufgabentext oder -texte untersuchen und auswerten		
4. Einen Schreibplan anlegen		
5. Deinen Text schreiben		
6. Deinen Text überarbeiten		
	120 Minuten	

c) Prüfungsbeispiel: ______	geplante Zeit	benötigte Zeit
1. Sich über den Text/die Texte und die Aufgabenstellung orientieren		
2. Aufgabentext oder -texte lesen und Inhalt(e) erfassen		
3. Aufgabentext oder -texte untersuchen und auswerten		
4. Einen Schreibplan anlegen		
5. Deinen Text schreiben		
6. Deinen Text überarbeiten		
	120 Minuten	

2. Notiere: Wo gab es Abweichungen von deiner Planung? Welche Schlüsse ziehst du daraus?

______

______

______

A 2 Die Prüfungsaufgaben

A 2.1 Die Überprüfung des Leseverstehens

Im Prüfungsteil I erwarten dich verschiedene Aufgabenarten. Mit ihnen wird überprüft, ob du den Text richtig gelesen und verstanden hast. Dazu musst du richtige Lösungen ankreuzen, Lückentexte ausfüllen, Aussagen aus dem Text erklären, eine Skizze deuten, Zusammenhänge erläutern oder zu bestimmten Aussagen (Standpunkten) Stellung nehmen.

Doch zunächst musst du den Text erschließen: Unterstreiche unbekannte Begriffe und kläre sie, markiere Schlüsselstellen, finde Überschriften zu Sinnabschnitten usw. Lies die Aufgabenstellungen genau und vergewissere dich mithilfe der passenden Textstellen, dass deine Antworten zutreffen.

1. Diese Prüfungsvorlage wurde bereits zum größten Teil bearbeitet. Überprüfe und korrigiere die Antworten. An manchen Stellen war der Schüler unsicher. Dort findest du Fragezeichen ??. Sie sind ein Hinweis für dich, diese Antworten genau zu überprüfen.

Medien und mehr

Teil I

Lies zunächst den Text sorgfältig durch und bearbeite anschließend die Aufgaben ①–⑬.

M1 Die Revolution des Lesens

(1) Die „Welt des Lesens“ befindet sich zurzeit im Umbruch. Verlage, Buchhandel, Büchereien und Buchhandlungen sowie die Leserinnen und Leser müssen sich auf die zunehmende Digitalisierung des Lesens einstellen. E-Reader und E-Books, Smartphones und Tablets haben das Lese- und Kaufverhalten von Lesern in der Welt gewaltig verändert. E-Reader sind keine Bücher, sondern „Lesemaschinen“, wie es ein französischer Bibliotheksforscher einmal formuliert hat. Diese Geräte haben seit 2005, als die ersten bezahlbaren, leichten und gut benutzbaren E-Reader auf den Markt kamen, die größte Revolution seit Erfindung des modernen Buchdrucks vor mehr als 560 Jahren eingeläutet.

weg vom gedruckten Buch, hin zu E-Reader und E-Book

??

(2) Bis zum Jahr 2013 stiegen die E-Book-Umsätze in Deutschland jährlich um mehr als 50 % an, aber im Jahr 2015 brach das Wachstum beim Verkauf von E-Books stark ein. Insgesamt bleibt der Anteil von E-Books am gesamten Buchmarkt in Deutschland mit nur 4,3 % immer noch sehr niedrig. In den USA hatte das E-Book-Geschäft im letzten Jahrzehnt dreistellige Steigerungszahlen, aber auch dort ist mittlerweile ein Wachstumseinbruch deutlich feststellbar. Während früher Experten damit rechneten, dass bald mehr digitale als gedruckte Bücher verkauft werden würden, haben sie diese Prognose rasch nach unten korrigiert.

(3) Die Perspektiven für die einzelnen Sparten der Buchbranche sind recht unterschiedlich. Die Verlage setzen weiterhin darauf, dass viele ihrer Titel als E-Book erscheinen müssen. Davon profitiert der Internet-Buchhandel sehr stark, weil E-Books in der Regel online gekauft werden. Die Buchhändler in den Geschäften vor Ort sehen deshalb starke Einbußen im Umsatz auf sich zukommen. Warum ist aber nicht damit zu rechnen, dass in den nächsten Jahren alle Leser zu elektronischen Lesern werden, obwohl doch nahezu jeder, vor

?? Warum

allem Jugendliche, täglich auf dem Handy, dem Smartphone, dem Tablet oder auf dem Computer Texte liest?

(4) Untersuchungen haben ergeben, dass es auch in Zukunft eine „klassische“ und eine „digitale „Lesewelt“ geben wird. Das gedruckte Buch ist weiterhin so erfolgreich, weil viele Menschen dem digitalen Lesen immer noch misstrauen. Das Lesen auf Bildschirmen sei flüchtig, meinen sie. Wer behalten will, was er liest, müsse es auf Papier gedruckt lesen. Ein Vorurteil? Es gibt verschiedene Untersuchungen zu diesem Thema, die alle zu dem Ergebnis kommen, dass wir digitale Texte ähnlich gut verstehen wie gedruckte Texte. Dennoch hat die Lust am Lesen von Gedrucktem nicht abgenommen. Viele Leserinnen und Leser möchten beim Lesen kein technisches Gerät in der Hand halten, sondern ein echtes Buch aus Papier, bei dem man die Seiten umblättern, das Papier fühlen und ein Geräusch hören kann, wenn man umblättert. Und das man natürlich auch ins Regal stellen kann!

(5) Noch nie haben Menschen so viel gelesen wie heute. Viele wichtige Informationen erhalten wir heute als Text über Facebook oder WhatsApp, per SMS oder als E-Mail, über Twitter oder in Blogs. Das Lesen dieser Informationen geschieht ständig. Da wir hierfür aber nicht unsere gesamte Zeit aufwenden wollen, müssen wir uns zukünftig mit zwei Fragen auseinandersetzen:
Müssen wir den Text lesen oder wollen wir ihn lesen? Ist es ein Gebrauchstext oder ein Genusstext?
Die Antworten auf diese Fragen führen zu den beiden verschiedenen „Arten des Lesens“, die in der Wissenschaft unterschieden werden: das zeitaufwendige tiefe Lesen, bei dem sich der Leser ohne Störung in eine andere Welt begeben will, und das informierende Lesen, bei dem es vor allem darum geht, möglichst schnell und genau viele Informationen aufzunehmen und zu verarbeiten. Zum gedruckten Buch greift ein Leser immer dann, wenn es um Genuss geht, um spannende Geschichten und ums Lesevergnügen. Um schnell an Informationen zu gelangen, werden das Handy oder das Tablet benutzt. Diese Situation, sich entscheiden zu können, wie wir lesen wollen, ist die große Freiheit, die Leserinnen und Leser heute haben.

Autorentext (2016)

TIPP zu 1 bis 5

1. Lies jede Aufgabe und überlege genau, wie sie gemeint ist.
2. Suche im Text die passenden Stellen und vergleiche beide Aussagen.
3. Hilfreich ist es, wenn du vor der Bearbeitung der Aufgaben den Text sorgfältig erschlossen hast; d. h. unbekannte Begriffe sind geklärt, Schlüsselstellen markiert, Sinnabschnitte gebildet und Zwischenüberschriften formuliert.

Aufgaben 1 – 13

1 Ergänze die fehlenden Wörter, um das Thema des Textes deutlich zu machen.

Der Text beschreibt die Veränderungen im Bereich des Lesens durch die zunehmende Digitalisierung.

❷ Kreuze die richtige Antwort an.

a)	Der moderne Buchdruck wurde um 1450 nach Christus erfunden.	✗
b)	Der moderne Buchdruck wurde um 1550 nach Christus erfunden.	
c)	Der moderne Buchdruck wurde um 1650 nach Christus erfunden.	
d)	Der moderne Buchdruck wurde um 1750 nach Christus erfunden.	

❸ Kreuze die richtige Antwort an.
Die „Revolution des Lesens" begann (Abschnitt 1), als ...

a)	man die ersten Laptops kaufen konnte.	
b)	die ersten Smartphones auf den Markt kamen.	
c)	die ersten bezahlbaren und gut benutzbaren E-Reader auf den Markt kamen.	✗
d)	die ersten Tablets gekauft werden konnten.	

❹ Kreuze die richtigen Antworten an.
Viele Menschen misstrauen dem digitalen Lesen noch (Abschnitt 4), weil ...

a)	sie es für zu anstrengend halten.	
b)	sie davon Kopfschmerzen bekommen.	
c)	sie glauben, die so gelesenen Informationen nicht behalten zu können.	✗
d)	sie es für flüchtig halten.	✗

❺ Kreuze die richtige Antwort an.
Der Satz „*Diese Situation, sich entscheiden zu können, wie wir lesen wollen, ist die große Freiheit, die Leserinnen und Leser heute haben.*" (Z. 114 – 117) bedeutet im Textzusammenhang, dass ...

a)	die Menschen überall Bücher und Zeitungen lesen können.	
b)	die Menschen alles lesen können, was gedruckt worden ist.	
c)	die Menschen die Freiheit haben, zu entscheiden, welche Bücher und Zeitungen sie in gedruckter oder digitaler Form lesen wollen.	✗
d)	die Menschen die Wahl haben, ob sie überhaupt etwas lesen wollen.	

TIPP zu ❻ und ❼

1. Suche im Text die passenden Stellen und lies sie noch einmal genau.
2. Wenn du eine eigene Entscheidung begründen sollst, denke daran, deine Meinung am Text zu belegen. Du musst also Zeilenangaben in Klammern ergänzen.

❻ Kreuze die richtige Antwort an.
Mit der Formulierung „Revolution" (Z. 18) meint der Autor im Textzusammenhang, dass sich ...

a)	das Lesen grundlegend verändert hat.	
b)	das Lese- und Kaufverhalten von Lesern stark verändert hat.	✗
c)	die verschiedenen Medien verändert haben.	
d)	die Einstellung der Menschen dem Lesen gegenüber verändert hat.	

7 Der Autor nennt mehrere Gründe, warum die Menschen weiterhin Lust am Lesen von Gedrucktem haben (Abschnitt 4). Notiere drei davon und begründe, welcher für dich am wichtigsten ist.

Viele Menschen glauben, dass sie etwas nur behalten können, wenn sie es auf Papier gelesen haben, und greifen deshalb weiter zu Gedrucktem. Auch möchten viele Menschen beim Lesen kein technisches Gerät in der Hand halten.

8 *„Wer behalten will, was er liest, müsse es auf Papier gedruckt lesen. Ein Vorurteil?“* (Z. 66 – 68)
Die Formulierung „Ein Vorurteil?“ ist ein Stilmittel, aber welches? Kreuze die richtige Antwort an.

??

a)	rhetorische Frage	
b)	Personifikation	
c)	Neologismus	
d)	Ellipse	✗

TIPP zu 8 und 9

1. In der Prüfung werden dir auch Aufgaben zur Sprache des Textes gestellt, z. B. zu bestimmten Verbformen, Satzgliedern, rhetorischen Figuren usw. Auch darauf solltest du dich vorbereiten.
2. Wenn du unsicher bist, schlage im Glossar dieses Heftes nach (ab S. 140). Das Glossar kannst du ebenfalls zum Lernen nutzen.

9 Kreuze die richtige Antwort an.
„Die „Welt des Lesens“ befindet sich zurzeit im Umbruch.“ (Z. 1/2). Die Formulierung „befindet sich zurzeit im Umbruch“ soll darauf hinweisen, dass ...

a)	eine Veränderung bevorsteht.	
b)	eine Veränderung nicht einsetzen wird.	
c)	eine Veränderung begonnen hat.	✗
d)	eine Veränderung unwahrscheinlich ist.	

TIPP zu 10 bis 13

1. Als Ergänzung zu den Texten musst du zum Nachweis deines Leseverständnisses zum Teil auch Schaubilder, Grafiken oder Diagramme auswerten. Wie du sie erschließen kannst, übst du im Kapitel B 4 auf den Seiten 23/24.
2. Die Aufgaben verlangen von dir, dass du das Material im Vorfeld erschlossen hast.
3. Oftmals musst du die Aussagen aus Text und Schaubild, Grafik oder Diagramm miteinander vergleichen.

M2 Freizeitverhalten von Kindern und Jugendlichen (2013)

Quelle: http://wikis.zum.de/dsb/Deutsch/Grafiken_auswerten

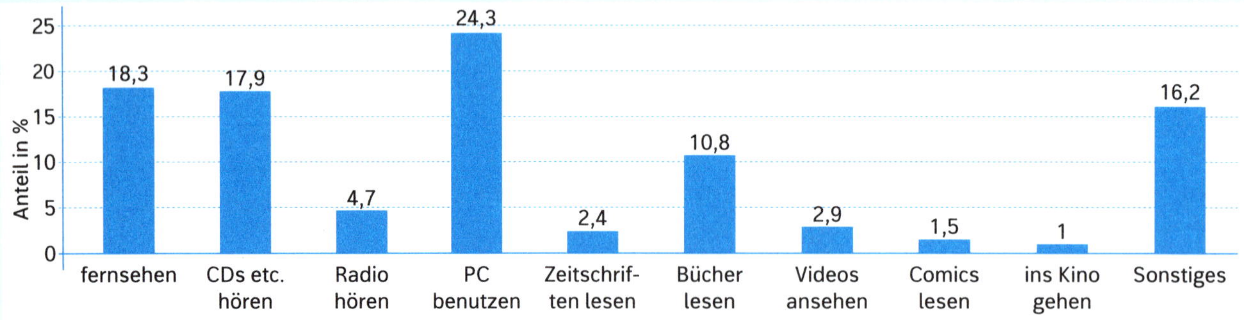

⑩ **Beschreibe das Diagramm mit eigenen Worten.**

Das Säulendiagramm stellt das Freizeitverhalten von Kindern und Jugendlichen im Jahr 2013 dar. Es zeigt, wie groß der Anteil von verschiedenen Tätigkeiten in ihrer freien Zeit ist. Dabei wird deutlich, dass Tätigkeiten, wie den PC benutzen, Fernsehen und das Hören von CDs, die Beschäftigungen sind, denen am meisten Zeit eingeräumt wird. Auf Platz vier ist die Kategorie Sonstiges zu finden, vermutlich Sport treiben oder mit Freunden chillen. Das Lesen von Büchern nimmt bei der Freizeitgestaltung von Jugendlichen nur einen Anteil von 10,8 Prozent ein.

⑪ **Begründe, ob Text und Diagramm zusammenpassen.**

Meiner Ansicht nach passen der Text und die Grafik nur teilweise zusammen. Der Text beschreibt die Veränderung des Leseverhaltens im Zusammenhang mit der Digitalisierung des Lesens. Die Grafik stellt bezüglich des Themas „Lesen" nur dar, welchen Anteil das Lesen im Jahr 2013 an der Freizeitgestaltung der Jugendlichen hatte (insgesamt ca. 15 Prozent). Ob sie lieber digital lesen oder eher Gedrucktes bevorzugen, wird in dem Diagramm nicht dargestellt.

⑫ **Kreuze die richtige Antwort an.**
Die Wissenschaft unterscheidet zwei Arten des Lesens (Abschnitt 5):

a)	das schnelle Lesen und das langsame Lesen.	
b)	das zeitaufwendige tiefe Lesen und das informierende Lesen.	X
c)	das überfliegende Lesen und das konzentrierte Lesen.	
d)	das flüchtige Lesen und das intensive Lesen.	

⑬ **Eine Schülerin sagt nach dem Lesen des Textes:**
„Im Internet finde ich alle Informationen, die ich brauche. Außerdem kann ich mir auf mein iPad alle Texte herunterladen, die ich benötige. Gedruckte Bücher brauche ich deshalb nicht mehr."
Du kannst dieser Aussage zustimmen oder nicht. Wichtig ist, dass du deine Meinung begründest und dich auf mehrere Textaussagen beziehst.

Ich stimme dieser Aussage nicht zu, weil ich finde, dass Lesen mehr ist, als sich Informationen herunterzuladen. Auch sind nicht alle Texte und Bücher, die ich lesen möchte, bereits in digitaler Form erschienen. Manchmal kaufe ich mir auch ein gedrucktes Buch, um das Vergnügen zu haben, die Buchseiten umzublättern, es neben meinem Bett abzulegen oder es morgens im Schulbus zu lesen, während alle anderen mit ihren Handys beschäftigt sind. Viele gedruckte Bücher sind nämlich einfach schön anzuschauen, weil sie hübsch eingebunden und illustriert sind. Da kann ein E-Book nur schwer mithalten.

A 2.2 Die Schreibaufgabe: ein Beispiel (Aufgabentyp 4a)

Im Teil II der Prüfung wird überprüft, ob du Sachtexte, literarische Texte, Gedichte und ggf. auch Schaubilder und Anzeigen analysieren und miteinander vergleichen bzw. aufeinander beziehen (Aufgabentyp 4a oder 4b) oder ob du zu einem bestimmten Sachverhalt einen informierenden Text schreiben kannst (Aufgabentyp 2). Beim Aufgabentyp 4a musst du den vorgegebenen Text zunächst untersuchen (siehe S. 19). Dabei orientierst du dich an vorgegebenen Teilaufgaben. In einem zweiten Schritt musst du deine Untersuchungsergebnisse in einem zusammenhängenden Text ausformulieren. In einer abschließenden Aufgabe wird entweder eine Stellungnahme zu einer Aussage zum Text bzw. zu einem Zitat aus dem Text oder ein kurzer Text aus der Perspektive einer Figur (vgl. Aufgabe 1 f) von dir erwartet.

1. Die unten stehende Prüfungsvorlage wurde bereits von einem Schüler bearbeitet. Lies dir die an ihn gestellten Aufgaben durch und markiere die Operatoren und Schlüsselwörter.

2. Bereite den Text selbst für eine Analyse vor. Erschließe ihn mit der Lesemethode und setze die Anmerkungen am Rand fort. Orientiere dich dabei an den Teilaufgaben.

Eine Frage der Beziehung

Teil II

Lies bitte zuerst den Text, bevor du die Aufgaben bearbeitest. Schreibe einen zusammenhängenden Text.

1 **Analysiere** den Text „Augenblicke" von Walter Helmut Fritz. Gehe dabei so vor:

a) **Schreibe** eine Einleitung, in der du Titel, Autor, Textart und Thema **benennst**.
b) **Fasse** den Text **zusammen**.
c) **Stelle dar**, welche Personen sich gegenüberstehen und welche Absichten sie verfolgen.
d) **Beschreibe** die Beziehung zwischen Mutter und Tochter und ziehe dazu Textbelege heran.
e) **Untersuche**, wie durch sprachliche und formale Mittel deutlich gemacht wird, dass Elsa in einem inneren Zweispalt steckt (*mögliche Aspekte: Wortwahl, Satzbau, Erzählform und Erzählverhalten*), und **erläutere** dazu auch das Ende des Textes.
f) **Verfasse** einen kurzen Text aus der Sicht von Elsa:
- Warum verlässt Elsa fluchtartig die Wohnung der Mutter?
- Welche Gedanken hat sie, als sie durch die Stadt läuft?
- Welche Sorgen macht sie sich?

Schreibe in der Ich-Form und berücksichtige die Informationen, die der Textauszug gibt.

Augenblicke *von Walter Helmut Fritz (1964)*

Mutter kommt ins Bad, Elsa reagiert genervt

Kaum stand sie vor dem Spiegel im Badezimmer, um sich herzurichten, als ihre Mutter aus dem Zimmer nebenan zu ihr hereinkam, unter dem Vorwand, sie wolle sich nur die Hände waschen.

Also doch! Wie immer, wie fast immer.

Gefühle Elsas; Gedankenrede

Elsas Mund krampfte sich zusammen. Ihre Finger spannten sich. Ihre Augen wurden schmal. Ruhig bleiben!

Sie hatte darauf gewartet, dass ihre Mutter auch dieses Mal hereinkommen würde, voller Behutsamkeit, mit jener scheinbaren Zurückhaltung, die durch ihre Aufdringlichkeit die Nerven freilegt. Sie hatte – behext, entsetzt, gepeinigt – darauf gewartet, weil sie sich davor fürchtete.

empfindet Verhalten als störend

Aufzählung

– Komm, ich mach dir Platz, sagte sie zu ihrer Mutter und lächelte ihr zu.

– Nein, bleib nur hier, ich bin gleich so weit, antwortete die Mutter und lächelte.

– Aber es ist doch so eng, sagte Elsa und ging rasch hinaus, über den Flur, in ihr Zimmer. Sie behielt einige Augenblicke länger als nötig die Klinke in der Hand, wie um die Tür mit Gewalt zuzuhalten. Sie ging auf und ab, von der Tür zum Fenster, vom Fenster zur Tür. Vorsichtig öffnete ihre Mutter.

– Ich bin schon fertig, sagte sie.

Elsa tat, als ob ihr inzwischen etwas anderes eingefallen wäre, und machte sich an ihrem Tisch zu schaffen.

– Du kannst weitermachen, sagte die Mutter.

– Ja, gleich.

Die Mutter nahm die Verzweiflung ihrer Tochter nicht einmal als Ungeduld wahr.

Wenig später allerdings verließ Elsa das Haus, ohne ihrer Mutter Adieu zu sagen. Mit der Tram[1] fuhr sie in die Stadt, in die Gegend der Post. Dort sollte es eine Wohnungsvermittlung geben, hatte sie einmal gehört. Sie hätte zu Hause im Telefonbuch eine Adresse nachsehen können. Sie hatte nicht daran gedacht, als sie die Treppe hinuntergeeilt war.

In einem Geschäft für Haushaltsgegenstände fragte sie, ob es in der Nähe nicht eine Wohnungsvermittlung gebe. Man bedauerte. Sie fragte in der Apotheke, bekam eine ungenaue Auskunft. Vielleicht im nächsten Haus. Dort läutete sie. Schilder einer Abendzeitung, einer Reisegesellschaft, einer Kohlenfirma. Sie läutete umsonst.

Es war später Nachmittag, Samstag, zweiundzwanzigster Dezember.

Sie sah in eine Bar hinein. Sie sah den Menschen nach, die vorbeigingen. Sie trieb mit. Sie betrachtete Kinoreklamen. Sie ging Stunden umher. Sie würde erst spät zurückkehren. Ihre Mutter würde zu Bett gegangen sein. Sie würde ihr nicht mehr Gute Nacht zu sagen brauchen.

Sie würde sich, gleich nach Weihnachten, eine Wohnung nehmen. Sie war zwanzig Jahre alt und verdiente. Kein einziges Mal würde sie sich mehr beherrschen können, wenn ihre Mutter zu ihr ins Bad kommen würde, wenn sie sich schminkte. Kein einziges Mal.

Ihre Mutter lebte seit dem Tod ihres Mannes allein. Oft empfand sie Langeweile. Sie wollte mit ihrer Tochter sprechen. Weil sich die Gelegenheit selten ergab (Elsa schützte Arbeit vor), suchte sie sie auf dem Flur zu erreichen oder wenn sie im Bad zu tun hatte. Sie liebte Elsa. Sie verwöhnte sie. Aber sie, Elsa, würde kein einziges Mal ruhig bleiben können, wenn sie wieder zu ihr ins Bad käme.

Elsa floh. Über der Straße künstliche, blau, rot, gelb erleuchtete Sterne. Sie spürte Zuneigung zu den vielen Leuten, zwischen denen sie ging.

Als sie kurz vor Mitternacht zurückkehrte, war es still in der Wohnung. Sie ging in ihr Zimmer, und es blieb still. Sie dachte daran, dass ihre Mutter alt und oft krank war. Sie kauerte[2] sich in ihren Sessel, und sie hätte unartikuliert[3] schreien mögen, in die Nacht mit ihrer entsetzlichen Gelassenheit.

aus: Walter Helmut Fritz: Umwege. Prosa. Stuttgart: Deutsche Verlags-Anstalt, 1964.

[1] die Tram: die Straßenbahn
[2] sich kauern: sich zusammenrollen
[3] unartikuliert: unkontrolliert und unverständlich

3. Untersuche den folgenden Schülertext:
   a) Finde heraus, wie der Schüler seinen Text strukturiert hat.
   Halte am Rand stichwortartig die Inhalte der einzelnen Abschnitte fest.
   b) Bearbeite die folgenden Aufgaben und schreibe dein Ergebnis an den Rand:
   - Kennzeichne, wo die Aspekte der Aufgabenstellung berücksichtigt werden, z. B. Aufgabe 1 a): Z. 1 – Z. 3 ...
   - Prüfe, ob die Absätze sinnvoll gesetzt sind.
   - Überprüfe, ob die genannte Textart vorliegt und durch welche Merkmale sie belegt wurde.
   - Wo hat der Schüler Aussagen mit Textbelegen gestützt? Unterstreiche die Stellen.
   - An welchen Stellen würdest du etwas ergänzen, wo etwas streichen?
   - Ist der Text aus der Sicht von Elsa nachvollziehbar geschrieben? Passt er zum Inhalt der Erzählung?
   - Schreibe dir die Ausdrücke und Wendungen, die du dir merken willst, heraus (S. 16).

In der Kurzgeschichte „Augenblicke“ von Walter Helmut Fritz aus dem Jahr 1964 geht es um einen Konflikt zwischen Mutter und Tochter, den die Mutter nicht als solchen wahrnimmt, der die Tochter aber in einen inneren Zwiespalt stürzt.

Teilaufgabe 1a) – Titel, Autor, Thema, Textart

Die Tochter fühlt sich von ihrer Mutter bedrängt, weil sie ihr ihren Freiraum nimmt. Sie geht aus dem Badezimmer, wenn die Mutter hereinkommt, und sucht verzweifelt nach Ausreden, um nicht dauernd in der Nähe ihrer Mutter sein zu müssen. Schließlich verlässt sie das Haus, ohne sich zu verabschieden. Elsa irrt durch die Stadt und überlegt sich, eine eigene Wohnung zu suchen und bald von zu Hause auszuziehen. Doch als sie nachts wieder nach Hause zurückkehrt, kommt ihr der Gedanke, dass ihre Mutter seit dem Tod des Vaters oft krank ist und ihre Hilfe braucht. Das lässt sie an ihrer Entscheidung zweifeln.

Elsa wohnt noch bei ihrer Mutter zu Hause und fühlt sich von dieser eingeengt und bedrängt („[...] als ihre Mutter aus dem Zimmer nebenan zu ihr hereinkam [...]“, Z. 3/4). Sie reagiert genervt und empfindet ihre Mutter als aufdringlich (Z. 16–18). Mittlerweile fürchtet sie sich sogar vor den ständigen Begegnungen (Z. 20–21). Also reagiert sie mit Flucht aus der Wohnung, weil sie keine Privatsphäre mehr hat („Wenig später allerdings verließ Elsa das Haus, ohne ihrer Mutter Adieu zu sagen.“, Z. 48–50). Als ungenaues Ziel hat sie eine Wohnungsvermittlung in der Stadt, weil sie beabsichtigt, auszuziehen (Z. 52–54). Sie sucht die Anonymität der Stadt und lässt sich mit den Menschen treiben (Z. 71-73), um auf andere Gedanken zu kommen. Erst in der Nacht kehrt sie unverrichteter Dinge nach Hause zurück und vermeidet so eine erneute Begegnung mit ihrer Mutter (Z. 75–79). Elsa ist im Grunde verzweifelt (Z. 110–113). Ihr gegenüber steht ihre Mutter, die sich um Elsas Nähe bemüht (Z. 15–18). Die Mutter realisiert Elsas eigentliche Gedanken nicht

(Z. 45–47) und behandelt Elsa höflich und freundlich („[...] antwortete die Mutter und lächelte.“, Z. 25–27), nimmt aber nicht wahr, dass Elsa auch Zeit für sich braucht. Die Mutter ist seit dem Tod ihres Mannes oft einsam (Z. 88–90), ebenso ist sie alt und krank (Z. 108–109). Deswegen möchte sie viel Zeit mit Elsa verbringen. Die Beziehung zwischen Mutter und Tochter ist angespannt. Die Mutter weiß nicht, dass sie ihre Tochter nervt („Die Mutter nahm die Verzweiflung ihrer Tochter nicht einmal als Ungeduld wahr.“, Z. 45–47), obwohl Elsa versucht, es ihr zu zeigen, indem sie immer dann geht oder nach Ausreden sucht, wenn ihre Mutter sich ihr nähert (Z. 28–33, Z. 37–41, Z. 44). Andererseits unterscheidet sich Elsas äußeres Verhalten ihrer Mutter gegenüber („Komm, ich mach dir Platz, sagte sie zu ihrer Mutter und lächelte ihr zu.“, Z. 22–24) deutlich von ihren Gedanken. Die Mutter liebt ihre Tochter zu sehr (Z. 95), um sie gehen zu lassen. Deshalb nimmt sie auch so viel Rücksicht (Z. 25–27). Elsa fühlt sich aber dadurch eingeengt. Trotzdem fühlt sie sich für ihre Mutter verantwortlich. Dadurch wird die Beziehung kompliziert, da beide nicht offen über ihre jeweiligen Gedanken und die Gründe für ihr Verhalten sprechen. Für Elsa ergibt sich aus der Situation ein innerer Zwiespalt. Dieser wird durch die Er-/Sie-Erzählform und das personale Erzählverhalten für den Leser deutlich, denn der Erzähler übernimmt den Blickwinkel von Elsa und gibt deren Gedanken z.B. durch eine Aufzählung von Adjektiven („[...] behext, entsetzt, gepeinigt [...]“, Z. 19 oder durch Ellipsen wieder („Ruhig bleiben!“, Z. 11–12). Auch ihr Verhalten in der Stadt, das durch Parataxen und Anaphern aneinandergereiht dargestellt wird (Z. 71–79), deutet an, dass sie eigentlich ziellos umherirrt. Die Darstellung ihrer Gedanken legt offen, dass sie sich unter fremden Menschen sogar wohler fühlt als zu Hause (Z. 102–104). Elsa nimmt sich vor, dass sie sich bei der nächsten Begegnung nicht mehr beherrschen wird. So wird deutlich, dass Elsa sich durch die Anwesenheit ihrer Mutter bedrängt und verfolgt fühlt. Sie wartet fast schon darauf, dass ihre Mutter wieder hinterherkommt: „Sie behielt einige Augenblicke länger als nötig die Klinke in der Hand, wie um die Tür mit Gewalt zuzuhalten.“ (Z. 30–33). Andererseits kann sie ihre Mutter auch nicht verlassen, da diese allein (Z. 89), „alt und oft krank“ ist (Z. 109). Nachdem sie erst kurz vor Mitternacht aus der Stadt zurück gekehrt ist, rollt sie sich in ihrem Sessel zusammen (Z. 110). Es geht ihr so schlecht, dass sie am liebsten laut schreien würde. Hier wird durch eine Personifikation der innere Konflikt Elsas betont: „[...] in die Nacht mit ihrer entsetzlichen Gelassenheit." (Z. 112–113). Damit wird ein Kontrast zwischen der Stille der Nacht und Elsas Innensicht klar. Es zeigt sich, dass Elsa trotz ihrer Reflexion während ihrer Flucht in die Stadt keine Lösung für ihr Problem gefunden hat, denn eigentlich weiß sie, dass sie ihre Mutter nicht alleine lassen kann, braucht aber gleichzeitig Gelegenheiten, um Zeit für sich zu haben („Sie war zwanzig Jahre alt und verdiente.", Z. 82–83).

Text aus der Sicht Elsas:

Warum lässt mir Mutter nie meine Privatsphäre, sie verfolgt mich regelrecht. Wenn ich mich im Bad fertig machen will, kommt sie herein – immer unter dem Vorwand, es würde nicht so lange dauern. Kann sie mich nicht wenigstens im Bad in Ruhe lassen? Nur einen kleinen Moment? Das ist immer so, immer läuft sie hinter mir her. Ich weiß, dass sie nicht alleine sein will und dass sie meine Nähe sucht, aber ich brauche auch mal Zeit für mich. Das macht mich so wütend! Am besten, ich verschwinde in die Stadt – dort kennt mich keiner, und keiner verfolgt mich ... Wo ist denn nun diese Wohnungsverwaltung? Es wird Zeit, dass ich mir eigene vier Wände suche. Keiner kann mir Auskunft geben – weder in dem Haushaltswarengeschäft noch in der Apotheke. Hier macht auch keiner auf. Es ist zum Verzweifeln – und jetzt ist auch noch bald Weihnachten. Ich laufe durch die Stadt, bis Mutter zu Bett gegangen ist – dann stört sie mich nicht mehr. Ich bin zwanzig Jahre alt, ich brauche meine Privatsphäre. Ich weiß, dass Mama nach dem Tod von Papa allein ist und jemanden zum Reden braucht, aber ich kann das nicht mehr. Ich fühle mich bedrängt! Da sind mir fremde Leute fast lieber als meine Mutter ... Es ist schon spät – ich muss nach Hause zurück – fast Mitternacht. Verdammt, was soll ich nur tun? Ich weiß, dass sie oft allein und krank ist – sie hat doch sonst keinen außer mir. Was soll ich nur machen? Ich kann sie doch nicht alleine lassen. Kann mir keiner helfen???

Ausdrücke und Wendungen, die ich mir merken möchte:

Wonach richtet sich die Note der Schreibaufgabe (Aufgabentyp 4a)?

1. Beurteile den Schüleraufsatz anhand des Bewertungsbogens.

Inhaltliche Leistung

Aufgabe	Anforderung	erfüllt	nicht erfüllt
	Der Prüfling ...		
1 a)	schreibt eine Einleitung, in der er ... • Titel, Autor, Textart sowie • das Thema (*Konflikt zwischen Mutter und Tochter, den die Mutter nicht wahrnimmt, der die Tochter aber in einen inneren Zwiespalt stürzt*) benennt.		
1 b)	fasst den Text kurz zusammen (*Tochter fühlt sich von Mutter bedrängt; geht aus Badezimmer, wenn Mutter hereinkommt; verlässt das Haus, ohne sich zu verabschieden; will in der Stadt eine eigene Wohnung suchen; kehrt unverrichteter Dinge nachts zurück; denkt an die Mutter, die einsam und oft krank ist; ist unschlüssig*).		
1 c)	stellt dar, welche Personen sich gegenüberstehen und welche Absichten sie verfolgen, z.B.: • *Mutter: sucht Nähe ihrer Tochter, nimmt eigene Aufdringlichkeit nicht wahr, liebt ihre Tochter ...* • *Tochter: braucht Privatsphäre, fühlt sich bedrängt, flüchtet vor der Nähe ihrer Mutter, sucht die Anonymität der Stadt, ist hin- und hergerissen zwischen Mitleid und Abkehr ...*		
1 d)	beschreibt die Beziehung zwischen Mutter und Tochter und zieht dazu Textbelege heran, z.B.: • *angespanntes Verhältnis, Mutter erkennt die Bedrängnis ihrer Tochter nicht, keine offene Aussprache ...*		
1 e)	untersucht, wie durch sprachliche und formale Mittel deutlich gemacht wird, dass Elsa in einem innerem Zwiespalt steckt, z. B.: • *Aufzählung/Adjektive: Beschreibung der Emotionen (Z. 19),* • *Parataxen und Ellipsen: Verdeutlichung der inneren Anspannung, der Gedanken (Z. 7–8, Z. 9–12, ...)* • *Anaphern: Betonung des Fluchtgedankens (Z. 69–83)* • *Er-/Sie-Erzählform und personales Erzählverhalten: Offenlegung von Elsas Reaktionen und Gedankengängen (Z. 7–8, 9–12) ...*		
1 f)	verfasst einen kurzen Text aus der Sicht von Elsa, aus dem deutlich wird, warum Elsa fluchtartig die Wohnung der Mutter verlässt, in dem die Gedanken deutlich werden, die Elsa hat, als sie durch die Stadt läuft, und der angibt, welche Sorgen sie sich macht (Ich-Form).		

Darstellungsleistung

	Anforderung	erfüllt	nicht erfüllt
	Der Prüfling ...		
1	• strukturiert seinen Text schlüssig und gedanklich klar.		
2	• belegt seine Aussagen durch angemessenes und korrektes Zitieren.		
3	• formuliert syntaktisch variabel (Satzbau).		
4	• drückt sich präzise und differenziert aus.		
5	• schreibt sprachlich richtig (Rechtschreibung, Zeichensetzung, Grammatik).		

B Arbeitstechniken und Strategien zur Bearbeitung von Schreibaufgaben

B 1 Arbeitstechnik: Im Wörterbuch nachschlagen

Das Wörterbuch ist für die Abschlussprüfung ein wichtiges Hilfsmittel:

- Du benötigst es zum Klären von unbekannten Wörtern.
- Du kannst nachschlagen, um die Rechtschreibung von Wörtern zu überprüfen. Das ist vor allem für die Überarbeitung eigener Texte wichtig.

1. Erkläre, welche Bedeutung die unterstrichenen Wörter im Textzusammenhang haben. Benutze dein Wörterbuch.

Millionen Menschen nutzen jede Gelegenheit, um zum Smartphone zu greifen. Nun zeigt eine Studie von Medienforschern, dass diese exzessive Nutzung große Risiken birgt. Besonders häufig chatten, posten und spielen die Probanden unter 25 Jahren. Die Angst, nicht alles von seinen Freunden mitzubekommen, führt zu permanentem Kommunikationsdruck und dazu, dass viele Menschen Hunderte Male am Tag auf ihr Mobiltelefon schauen oder selbst Kurznachrichten verbreiten.

exzessive Nutzung: ______________________________

____

Risiken: ______________________________

____

die **Probanden:** ______________________________

____

permanentem Kommunikationsdruck: ______________

____

2. In dem folgenden Text befinden sich sechs Rechtschreibfehler. Streiche falsch geschriebene Wörter durch und schreibe sie richtig auf.

Smartphones sind genial, weil ich damit mit meinen Freunden über Hausaufgaben und anstehende Klassenarbeiten diskutiren kann. Natürlich kommt an einem einziegen Tag eine riesige menge von Nachrichten zusammen, weil viele über flüssige und unwichtige Miteilungen geschrieben werden. Wenn ich mich durch mein Handy gestrest fühle, stelle ich einfach den Signalton aus.

TIPP

1. Bei Fremdwörtern gibt es oft mehrere Bedeutungen. Um die richtige Bedeutung herauszufinden, mache die **Ersatzprobe:** Setze jede angegebene Bedeutung im Text an die Stelle des Fremdwortes. Welche Bedeutung ist im Textzusammenhang sinnvoll? Prüfe und wähle aus.
2. Manche Wörter findet man nicht auf Anhieb im Wörterbuch, weil sie im Text in veränderter Form vorkommen. Gehe daher vor dem Nachschlagen so vor:
   - Bilde von gebeugten Verben die Grundform (den Infinitiv): *aß* → *essen.*
   - Bilde bei Nomen die Einzahl (Singular): *Kakteen* → *Kaktus.*
   - Schlage bei zusammengesetzten Wörtern erst unter dem ersten Wortteil nach. Wenn dort die Wortzusammensetzung nicht zu finden ist, musst du auch den zweiten Wortteil nachschlagen:
   - Reflexionsprozess: → *Reflexion* → *Prozess.*

TIPP

Alle wichtigen Rechtschreibregeln findest du auch noch einmal auf der Internetseite **www.finaleonline.de.**
Einfach „Mittlerer Schulabschluss" und dein Bundesland eingeben und dann das kostenlose „EXTRA-Training Rechtschreibung" herunterladen.
Neben den Regeln findest du dort auch noch weitere Übungen mit Lösungen.

B 2 Arbeitstechnik: Texte erschließen und Inhalte zusammenfassen – literarische Texte

Um einen literarischen Text zu erschließen, gehst du am besten schrittweise vor.

1. Bearbeite den Text auf Seite 20 mithilfe des TIPPS.

TIPP

VOR DEM LESEN

1. Vermutungen äußern

Stelle Vermutungen zum Inhalt an:
- Lies die Überschrift des Textes. Worum geht es wohl in der Erzählung?
- Gibt es zu dem Text eine Abbildung? Was ist darauf zu sehen?

WÄHREND DES LESENS

Lies den Text und überprüfe, ob deine Vermutungen stimmen.

2. Unbekannte Begriffe klären
- Markiere Begriffe und Textstellen, die du nicht verstehst.
- Versuche, die Bedeutung selbst herauszufinden, indem du den Satzzusammenhang betrachtest. Oft wird in den folgenden Sätzen die Bedeutung erklärt. Schlage ansonsten im Wörterbuch nach (siehe B 1, S. 18) und notiere die Bedeutung am Rand.

3. Schlüsselstellen unterstreichen
- Unterstreiche Schlüsselstellen. Das sind die Textstellen, die Antwort auf folgende Fragen geben:
  - Wo und wann spielt die Erzählung?
  - Welche Personen handeln dort?
  - Worum geht es?
- Halte am Rand weitere Beobachtungen fest:
  - Wie wirkt der Text auf dich (lustig, ernst, spannend, ...)?
  - Wer erzählt die Geschichte (siehe Glossar: „Merkmale erzählender Texte“, S. 142)?
  - Welche sprachlichen Mittel werden verwendet (siehe S. 144)?
  - Welche Wirkung entsteht durch den Satzbau?

NACH DEM LESEN

4. Informationen entnehmen
- Bilde Sinnabschnitte. Das sind Absätze, die inhaltlich eng zusammengehören. Ein neuer Sinnabschnitt beginnt, wenn z. B. eine neue Person auftritt oder ein wichtiges Ereignis geschieht. Du kannst dich auch an den vorhandenen Absätzen orientieren.
- Formuliere zu jedem Sinnabschnitt eine Überschrift (ein Stichwort oder einen kurzen Satz).

5. Inhalte zusammenfassen
- Notiere zu jeder Überschrift stichwortartig den Inhalt des Sinnabschnittes. Nimm dazu die unterstrichenen Schlüsselstellen zu Hilfe.
- Bilde aus den Stichpunkten zum Inhalt vollständige Sätze und verknüpfe sie miteinander. So erhältst du eine kurze Inhaltszusammenfassung des Textes.
- Bestimme die Textsorte (Erzählung, Kurzgeschichte, Roman, Jugendbuchauszug, Gedicht).

Streuselschnecke *Julia Franck (2000)*

14-Jährige erhält Anruf von einem Fremden, er will sie kennenlernen, sie findet ihn sympatisch

Ort: Berlin

Ich-Form, personales Erzählverhalten

Der Anruf kam, als ich vierzehn war. Ich wohnte seit einem Jahr nicht mehr bei meiner Mutter und meinen Schwestern, sondern bei Freunden in Berlin. Eine fremde Stimme meldete sich, der Mann nannte seinen Namen, sagte mir, er lebe in Berlin, und fragte, ob ich ihn kennenlernen wolle. Ich zögerte, ich war mir nicht sicher. Zwar hatte ich schon viel über solche Treffen gehört und mir oft vorgestellt, wie so etwas wäre, aber als es so weit war, empfand ich eher Unbehagen. Wir verabredeten uns. Er trug Jeans, Jacke und Hose. Ich hatte mich geschminkt. Er führte mich ins Café Richter am Hindemithplatz und wir gingen ins Kino, ein Film von Rohmer[1]. Unsympathisch war er nicht, eher schüchtern. Er nahm mich mit ins Restaurant und stellte mich seinen Freunden vor. Ein feines, ironisches Lächeln zog er zwischen sich und die anderen Menschen. Ich ahnte, was das Lächeln verriet.

besucht Mann öfter, bekommt aber kein Geld

Einige Male durfte ich ihn bei seiner Arbeit besuchen. Er schrieb Drehbücher und führte Regie bei Filmen. Ich fragte mich, ob er mir Geld geben würde, wenn wir uns treffen, aber er gab mir keins, und ich traute mich nicht, danach zu fragen. Schlimm war das nicht, schließlich kannte ich ihn kaum, was sollte ich da schon verlangen? Außerdem konnte ich für mich selbst sorgen, ich ging zur Schule und putzen und arbeitete als Kindermädchen. Bald würde ich alt genug sein, um als Kellnerin zu arbeiten, und vielleicht wurde ja auch noch eines Tages etwas Richtiges aus mir.

Zwei Jahre später, der Mann und ich waren uns noch immer etwas fremd, sagte er mir, er sei krank. Er starb ein Jahr lang, ich besuchte ihn im Krankenhaus und fragte, was er sich wünsche. Er sagte mir, er habe Angst vor dem Tod und wolle es so schnell wie möglich hinter sich bringen. Er fragte mich, ob ich ihm Morphium[2] besorgen könne. Ich dachte nach, ich hatte einige Freunde, die Drogen nahmen, aber keinen, der sich mit Morphium auskannte. Auch war ich mir nicht sicher, ob die im Krankenhaus herausfinden wollten und würden, woher es kam. Ich vergaß seine Bitte. Manchmal brachte ich ihm Blumen. Er fragte nach dem Morphium, und ich fragte ihn, ob er sich Kuchen wünsche, schließlich wusste ich, wie gerne er Torte aß. Er sagte, die einfachen Dinge seien ihm jetzt die liebsten – er wolle nur Streuselschnecken, nichts sonst. Ich ging nach Hause und buk[3] Streuselschnecken, zwei Bleche voll. Sie waren noch warm, als ich sie ins Krankenhaus brachte. Er sagte, er hätte gerne mit mir gelebt, es zumindest gern versucht, er habe immer gedacht, dafür sei noch Zeit, eines Tages – aber jetzt sei es zu spät. Kurz nach meinem siebzehnten Geburtstag war er tot. Meine kleine Schwester kam nach Berlin, wir gingen gemeinsam zur Beerdigung. Meine Mutter kam nicht. Ich nehme an, sie war mit anderem beschäftigt, außerdem hatte sie meinen Vater zu wenig gekannt und nicht geliebt.

Aus: Julia Franck: Bauchlandung. Geschichten zum Anfassen. München. Deutscher Taschenbuch Verlag, 2002. © 2000 DuMont Buchverlag, Köln.

[1] Rohmer: Spielfilme von Rohmer thematisieren Beziehungen von Erwachsenen. Sie sind ohne Aktion; es wird viel gesprochen und diskutiert.

[2] Morphium: Droge; eines der stärksten Schmerzmittel

[3] buk: Präteritum von backen

B 3 Arbeitstechnik: Texte erschließen und Inhalte zusammenfassen – Sachtexte

Um einen Sachtext zu erschließen, gehst du am besten schrittweise vor.

1. Bearbeite den Text auf Seite 22 mithilfe des TIPPS.

TIPP

VOR DEM LESEN

1. Vermutungen äußern

- „Überfliege" den Text: Wovon könnte der Text handeln?
- Lies die Überschrift, die Zwischenüberschriften und betrachte die Abbildungen.
  - Notiere am Rand, was du bereits über das Thema weißt.
  - Stelle W-Fragen an den Text: Was …? Wer …? Warum …? Wo …? Wann …?

WÄHREND DES LESENS

Lies den Text und überprüfe, ob deine Vermutungen stimmen.

2. Unbekannte Begriffe klären

- Markiere Begriffe und Textstellen, die du nicht verstehst.
- Versuche, die Bedeutung selbst herauszufinden, indem du den Satzzusammenhang betrachtest. Oft wird in den folgenden Sätzen die Bedeutung erklärt. Schlage ansonsten im Wörterbuch nach (siehe B 1, S. 18) und notiere die Bedeutung am Rand.

3. Schlüsselstellen unterstreichen

- Unterstreiche Schlüsselstellen:
  - Textstellen, die Antwort auf deine W-Fragen geben.
  - Informationen, die du interessant findest.
  - Wenn du die Aufgaben zum Text bereits gelesen hast, unterstreiche die Textstellen, die du zur Bearbeitung nutzen kannst.

NACH DEM LESEN

4. Informationen entnehmen

- Bilde Sinnabschnitte. Das sind Absätze, die inhaltlich eng zusammengehören. Du kannst dich auch an den vorhandenen Absätzen orientieren.
- Formuliere zu jedem Sinnabschnitt eine Überschrift (ein Stichwort oder einen kurzen Satz).
- Notiere zu jeder Überschrift stichwortartig den Inhalt des Sinnabschnittes. Nimm dazu die unterstrichenen Schlüsselstellen zu Hilfe.

5. Inhalte zusammenfassen

- Bilde aus den Stichpunkten zum Inhalt vollständige Sätze und verknüpfe sie miteinander. So erhältst du eine kurze Inhaltszusammenfassung des Textes.
- Bestimme die Textsorte (Reportage, Zeitungsbericht, Interview).

Recht und Unrecht im Internet

Was? Tauschbörsen/ Downloadportale
Wo? Internet
Problem: Nutzer wissen nicht, was erlaubt ist

Tauschbörsen und Downloadportale (Musik/Film) sind in den Weiten des Internets in den unterschiedlichsten Formen zu finden. Doch viele Nutzer wissen gar nicht, was erlaubt ist und was nicht. Das böse Erwachen kommt meist erst, wenn eine Abmahnung und eine Schadensersatzforderung im Briefkasten landen. (...)

Was? Urheberrecht schützt Urheber
Wer? Urheber entscheidet über Nutzung

Das Urheberrecht schützt die Urheber, also die „Schöpfer" von kreativen Werken wie z. B. Texten, Fotos, Filmen. Allein der Urheber entscheidet, ob, wann und wer sein „Werk" nutzen und verbreiten darf. Grundsätzlich muss der Urheber daher um Erlaubnis gefragt werden (...).

Im deutschen Urheberrecht ist es möglich, sich unter bestimmten Voraussetzungen einzelne Kopien von einem Werk, z. B. einer CD, anzufertigen. Danach darf eine Kopie angefertigt werden, wenn dies ausschließlich zum privaten Gebrauch erfolgt und ein Kopierschutz nicht umgangen wird. Dies bedeutet, dass man zwar zur musikalischen Untermalung für das Familienurlaubsvideo urheberrechtlich geschützte Musik verwenden und das Video dann im Familien- oder Freundeskreis zeigen darf. Nicht erlaubt ist hingegen, das Video mit der Musik danach öffentlich vorzuführen oder zu verbreiten (...). Der einfachste und sicherste Weg für Verbraucher ist, sich Kopien nur von solchen Dingen zu machen, bei denen sie genau wissen, woher sie stammen – also zum Beispiel, wenn ein Freund eine CD besitzt und diese nicht kopiergeschützt ist. Eine Weitergabe an Unbekannte ist von vornherein verboten. Außerdem darf keine „offensichtlich rechtswidrige Quelle[1]" für die Kopie genutzt werden. Inhalte aus dem Internet sind oft urheberrechtlich geschützt oder die Nutzung ist durch Nutzungsbestimmungen beschränkt. Der aus dem Internet abrufbare Song darf nicht unbedingt beliebig oft heruntergeladen und kopiert werden (...). Aber auch für das im Internet abrufbare Foto, das gegebenenfalls öffentlich genutzt werden soll (z. B. auf einer Online-Verkaufsplattform), bedarf es der Erlaubnis des Urhebers. Wichtig: Wird ein selbst erstelltes Foto ins Internet gestellt, auf dem auch andere Personen erkennbar abgelichtet sind, ist deren Privatsphäre zu respektieren. Das heißt, man muss sich zuvor deren Erlaubnis für die Veröffentlichung einholen.

Illegal[2] eingestellte Werke herunterzuladen ist rechtswidrig. Aufgrund der enormen Zunahme von illegalen Downloads greift die Musikindustrie seit einigen Jahren zu rechtlichen Mitteln. Im Jahr 2004 wurden erstmals Privatpersonen juristisch[3] verfolgt, die mit Uploads[4] gegen das Urheberrecht verstoßen hatten. (...) Doch nicht nur im Musikbereich greifen die Rechteinhaber härter durch, sondern auch im Bereich der illegalen Uploads und Downloads von Spielfilmen und der unberechtigten Nutzung von Bildmaterial. Dabei gibt es Gratis-Musik aus dem Internet auch ganz legal (...): Viele Musiklabels haben mittlerweile erkannt, dass es durchaus verkaufsfördernd sein kann, wenn man in sozialen Netzwerken Songs zum kostenlosen Download anbietet.

In: https://www.test.de/unternehmen/schule_unterricht/lehrmaterial/konsumwelt/ (Zugriff: 30.12.2014, 10.29 Uhr)

[1] eine rechtswidrige Quelle: bietet unerlaubter Weise Medien, die rechtlich geschützt sind
[2] illegal: strafbar, unrechtmäßig
[3] juristisch: gesetzlich
[4] der Upload: der Vorgang des Hochladens

B 4 Arbeitstechnik: Schaubilder auswerten

Häufig findest du in Prüfungsaufgaben auch Schaubilder wie Diagramme und Tabellen. Diese enthalten Zusammenfassungen von Daten, die nach bestimmten Gesichtspunkten geordnet sind.
Folgende Aufgabenstellungen sind bei Schaubildern möglich:

- Du musst überprüfen, ob die vorgegebenen Aussagen zu einem Schaubild richtig sind oder nicht.
- Du musst feststellen, ob die Informationen eines Schaubildes die Aussagen eines Textes bestätigen, ergänzen oder widerlegen. Dazu musst du ein Schaubild richtig lesen und verstehen.

1. Werte Schaubild A (Seite 24) nach folgenden Schritten aus:

Erster Schritt: Sich orientieren

a) Worum geht es in dem Schaubild A? Notiere stichpunktartig.

Thema: ______________________

Zahlenangaben: ______________________

hellblaue Balken: ______________________

blaue Balken: ______________________

Vergleiche zwischen: ______________________

____

Zweiter Schritt: Den Inhalt des Schaubildes erfassen und stichpunktartig aufschreiben

b) Schreibe die Informationen auf, die du dem Schaubild entnehmen kannst.

____

____

____

____

Dritter Schritt: Aufgabenstellung beantworten und Ergebnisse aufschreiben

c) Beantworte die Aufgaben zu Schaubild A. Achte genau auf die Aufgabenstellung.

____

____

____

____

2. Bearbeite in gleicher Weise die Schaubilder B und C.

TIPP zum ersten Schritt

1. Lies die Überschriften und Erläuterungen. Um welches Thema geht es?
2. Welche Zahlenangaben werden gemacht? Werden sie in Prozent, Promille oder in absoluten Zahlen (z. B. in Tausend) angegeben?
3. Worauf beziehen sich diese Angaben?
4. Was wird miteinander verglichen?

TIPP zum zweiten Schritt

1. Sieh dir das Schaubild genauer an. Worauf bezieht sich der größte Wert?
2. Worauf bezieht sich der niedrigste Wert?
3. Gibt es weitere Auffälligkeiten?

TIPP zum dritten Schritt

1. Formuliere in ganzen Sätzen.
2. Verwende folgende Formulierungen:
   es gibt weniger als …
   mehr als bei …
   genauso oft …
   seltener …
   auffällig ist, dass …

Schaubild A: Balkendiagramm
Medienbeschäftigung in der Freizeit

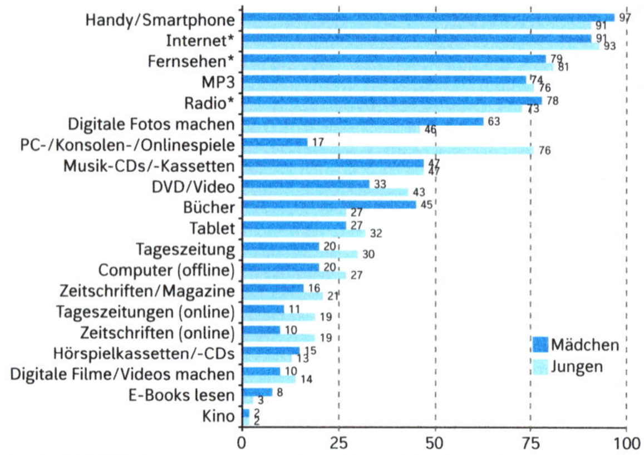

Quelle: JIM 2015, Angaben in Prozent; *egal über welchen Verbreitungsweg
Basis: alle Befragten, n = 1.200

INFO

Balkendiagramme zeigen oft absolute Zahlen oder Prozentzahlen an. Die Länge des Balkens gibt die Anzahl an, die man meist auf der x-Achse ablesen kann. Neben der y-Achse wird angegeben, worauf sich die Balken beziehen.

Aufgaben:

1. Welches ist das beliebteste Medium bei Mädchen, welches bei Jungen?
2. Bei welchem Medium ist der größte Unterschied zwischen Mädchen und Jungen festzustellen?

Schaubild B: Kreisdiagramm
Familien, Paare ohne Kinder, Alleinstehende

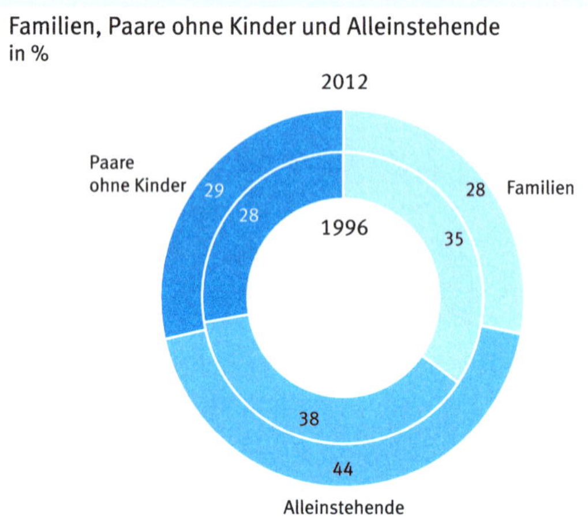

Quelle: Statistisches Bundesamt, Wiesbaden 2013

INFO

Kreisdiagramme zeigen die prozentuale Zusammensetzung einer Gesamtmenge. Dabei ist der Kreis in mehrere Teile unterteilt, die jeweils den Anteil an der Gesamtmenge wiedergeben.

Aufgaben:

1. Welche Lebensweise hat von 1996 bis 2012 am meisten zugenommen?
2. Beschreibe die Entwicklung der verschiedenen Lebensweisen von 1996 bis 2012.

Schaubild C: Verlaufsdiagramm
Preisentwicklung Telekommunikation

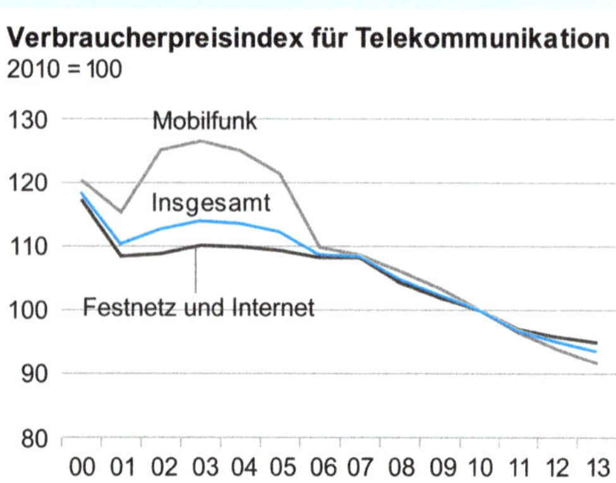

© Statistisches Bundesamt, Wiesbaden 2014

INFO

Kurven- oder Liniendiagramme eignen sich dazu, Daten von verschiedenen Zeitpunkten grafisch zu vergleichen.

Aufgaben:

1. Beschreibe die Entwicklung der Preise für Telekommunikation.
2. In welchem Zeitraum und in welchem Bereich stiegen die Preise für Telekommunikation am stärksten an?

B 5 Schreibaufgabe zu einem informierenden Text in sechs Schritten bearbeiten

Auf den folgenden Seiten lernst du die wichtigsten Arbeitsschritte zur Erarbeitung eines informierenden Textes kennen. Auf den Seiten 26–29 findest du die Materialien, mit denen du diese Schritte üben kannst. Auch in den angeleiteten Prüfungsaufgaben zum Thema „Sprachkultur und Leselust“ (Teil C) wird auf diese grundlegenden Seiten verwiesen.

Erster Schritt: Sich orientieren

1. Lies die Aufgabenstellung in der Prüfungsvorlage auf Seite 26 „mit dem Stift“. Markiere die Operatoren und die Schlüsselwörter.

2. Mache dir klar, in welcher Situation und an wen du schreibst:

   Adressat: ______________________

   Situation/Thema: ______________________

   Schreibziel: ______________________

3. Notiere stichpunktartig, was dir zu dem Thema „Mirjam Pressler“ einfällt. Wer ist Mirjam Pressler? Wovon könnten die Materialien handeln?

   ____

   ____

   ____

   ____

TIPP zum ersten Schritt

Stürze dich nicht gleich in die Arbeit, sondern verschaffe dir einen ersten Überblick:

1. Mache dir klar, was die Aufgabe von dir verlangt. Lies dazu die einzelnen Teilaufgaben und unterstreiche alle wichtigen Hinweise auf das, was du tun sollst. Die Operatoren in den Aufgaben sind zur besseren Orientierung fett gedruckt. Eine Erklärung der Verben findest du im Teil C 3 auf S. 64 und im Glossar.
2. Die Informationen zum Adressaten und zur Situation findest du im Vortext über der Aufgabenstellung.

Zweiter Schritt: Materialien erschließen und Inhalte erfassen

4. a) Erschließe die Materialien (Texte, Bilder, Tabellen) wie im TIPP zum zweiten Schritt dargestellt. Setze dazu die Bearbeitung fort.
   b) Kennzeichne die Informationen (Schlüsselstellen), die die Teilaufgaben erfordern, durch Unterstreichungen und Randbemerkungen (z. B. zum Lebenslauf Mirjam Presslers, zum Inhalt ihrer Werke ...). Verwende dazu für jede Teilaufgabe eine eigene Farbe.

TIPP zum zweiten Schritt

1. Markiere alle Textstellen, die dir unklar sind. Kläre unbekannte Ausdrücke aus dem Sinnzusammenhang oder schlage im Wörterbuch nach. Beachte auch die Worterklärungen unter dem Text.
2. Unterstreiche Schlüsselstellen. Das sind Antworten auf die W-Fragen und Textstellen, die du zur Bearbeitung der Teilaufgaben heranziehen willst.
3. Kennzeichne mit Markierungen und Symbolen (!?) Textstellen, die für das Verständnis der Materialien wichtig sind. Verdeutliche Verweise mit Pfeilen (➡).
4. Notiere zu jedem Abschnitt in der Randspalte Stichpunkte zum Inhalt.

Sprachkultur und Leselust

Teil II

Deine Schule soll nach der Autorin Mirjam Pressler benannt werden. Zur Namensgebung soll es eine große Schulfeier geben, an der alle Schülerinnen und Schüler, Lehrerinnen und Lehrer und Eltern teilnehmen. Damit alle für diesen Termin gut vorbereitet sind, bist du als Schulsprecher gebeten worden, einen Informationstext über Mirjam Pressler zu schreiben. Um diesen Text schreiben zu können, bekommst du eine Materialsammlung (M1 – M7).

Lies zunächst die Aufgabenstellung und dann die Materialien aufmerksam durch, bevor du mit dem Schreiben beginnst.

1 **Verfasse** auf Grundlage der Materialien M1 bis M7 einen **informierenden Text** über Mirjam Pressler. Schreibe nicht einfach aus den Materialien ab, sondern achte auf eine eigenständige Darstellung in einem zusammenhängenden Text.

Gehe dabei so vor:

a) **Formuliere** für den Text eine passende Überschrift.
b) **Schreibe** eine Einleitung, in der du die Autorin Mirjam Pressler kurz vorstellst (Geburtsjahr, -ort, Tätigkeiten, Aufenthaltsort).
c) **Stelle dar**, wie Mirjam Pressler zum Schreiben gekommen ist, und **erkläre**, warum Literatur für sie eine große Bedeutung hat.
d) **Erläutere**, welche Themen sie in ihren Kinder- und Jugendbüchern verarbeitet, und wie Mirjam Pressler ihre eigenen Lebenserfahrungen mit der Welt ihrer Figuren verknüpft.
e) **Schlussfolgere** anhand der Materialien und eigener Überlegungen, warum Mirjam Pressler gerade für Kinder und Jugendliche schreibt. **Erläutere** dabei auch den Begriff „beschädigte Kindheit".
f) **Notiere** unterhalb des Textes die Nummern der von dir genutzten Materialien.

M1 Lebensdaten von Mirjam Pressler

Geburtsjahr	1940
Geburtsort	Darmstadt
Kindheit	– uneheliches Kind einer jüdischen Mutter – wuchs bei Pflegeeltern und in einem Kinderheim auf
Ausbildung	Abitur, Studium: Kunst (Frankfurt) und Sprachen (München)
Berufstätigkeit	unterschiedliche Jobs: z. B. Bürotätigkeiten, Inhaberin eines Jeansladens
Besonderheiten	– ein Jahr Aufenthalt in Kibbuz[1] in Israel – 1. Veröffentlichung: Roman „Bitterschokolade" (1980) – mittlerweile mehr als 30 veröffentlichte Kinder- und Jugendbücher
aktueller Wohnort	Landshut (Bayern)
Auszeichnungen	viele Auszeichnungen: – mehrfach: Deutscher Jugendliteraturpreis: 1994 für Übersetzungswerk, 1995 für Roman »Wenn das Glück kommt, muss man ihm einen Stuhl hinstellen« und 2010 für Gesamtwerk – Trägerin des Bundesverdienstkreuzes erster Klasse

[1] der Kibbuz: eine Wohngemeinschaft in Israel

M2 Auszug aus einem Interview mit Mirjam Pressler

Die Welt: Sie wuchsen erst in einer Pflegefamilie auf, später im Kinderheim. Wenn Sie nicht einschlafen konnten, dachten Sie sich Fortsetzungs-Schauer-Geschichten aus. Waren Geschichten für Sie eine Art Lebenshilfe?

Pressler: Geschichten waren essenziell[1] für mich. Ich habe mir sehr oft welche ausgedacht, aber nicht nur Schauer-Geschichten, auch Kitsch-Geschichten.

Die Welt: Welche?

Pressler: Eher märchenhafte: dass auf einmal der Vater auftaucht, reich und berühmt, und mich mitnahm – solche Sachen halt. Ich habe damals auch Karl May[2] gelesen und seine Geschichten weitergesponnen. Ich habe mir auch in der Straßenbahn immer Geschichten weitererzählt, nicht nur beim Einschlafen. Immer wenn ich irgendwo etwas machen musste, was mich langweilte, habe ich mir selbst Geschichten erzählt. Ich war eine Tagträumerin.

Die Welt: Ihre Jugendbücher spielen überhaupt nicht in der heilen Welt: Sie schildern darin Kinder, die von Eltern auf der Flucht getrennt werden, oder Kinder, die mit Behinderungen leben müssen. Es gibt Verhältnisse, die ein Kind nicht ändern kann, haben Sie mal gesagt und geraten, es solle möglichst schnell erwachsen werden. Das ist ein harter Satz.

Pressler: Das stimmt. Aber zu diesem Satz stehe ich nach wie vor. Viele meiner Bücher handeln von einer beschädigten Kindheit. Es gibt Situationen, die Kinder von sich aus nicht ändern können. Ich finde es wichtig, dass sie verstehen, dass nicht sie daran schuld sind, sondern dass es die Umstände sind. Man kann als Kind seine Eltern nicht ändern, auch die sozialen Umstände nicht. Wenn Kinder merken, dass es nicht ihre Schuld ist, können sie vielleicht anfangen, darüber zu reden. Denn vorher ist ja alles schambesetzt[3]. In dem Moment, da man es aussprechen oder hinschreiben kann, verliert es seinen Stachel. Und je öfter man das macht, umso leichter fällt es einem. Man bekommt so eine gewisse Distanz.

http://www.welt.de/kultur/literarischewelt/article141884756/Ich-wollte-Erfolg-als-Autorin-nicht-als-Juedin.html, Zugriff: 04.01.2016

[1] essenziell: bedeutungsvoll, wichtig
[2] Karl May: Autor von „Winnetou"
[3] schambesetzt: sich für etwas schämen, peinlich sein

M3 Über das Schreiben

Mirjam Pressler ist zunächst mit Jugendbüchern bekannt geworden, die sich mit Themen der belasteten Kindheit, der Ausgrenzung, des am Rande Stehens durch soziale Umstände beschäftigt haben. 1986 übersetzte sie die Ausgabe vom „Tagebuch der Anne Frank" aus dem Niederländischen ins Deutsche. Seitdem hat sie sich nicht nur intensiv mit der Person Anne Frank beschäftigt, sondern auch vermehrt mit dem jüdischen Glauben und Leben auseinandergesetzt, verpackt in Geschichten ganz unterschiedlicher Zeit-Epochen. Der Auslöser hierfür war die Lebensgeschichte von Anne Frank. (...) „Ich wollte nie *die* jüdische Autorin werden, die sogenannte *„Alibi-Jüdin"*. Aber irgendwie bin ich da so hineingeschlittert und es hat sich, nicht mit Absicht, so ergeben." Aus dem ganz profanen[1] Grund der Geldnot begann sie zu schreiben. Heute sagt sie, „ich habe Glück gehabt, dass ich sofort die richtige Lektorin[2], den richtigen Verlag und auch noch als Anfänger den Preis bekommen habe". Hinter dem Quäntchen notwendigem Glück steckt allerdings auch die hohe Qualität, dem Genre[3] Kinderbuch Inhalte mit schwierigen, realistischen Themen eine neue Form zu geben. „Dass mir Schreiben so viel Spaß machte, wusste ich vorher gar nicht. Erst als ich anfing, habe ich das gemerkt." (...)

nach: http://www.buecher-leben.de/ein-besuch-bei-mirjam-pressler-in-landshut/

[1] profan: einfach
[2] die Lektorin: Verlagsmitarbeiterin
[3] das Genre: die Gattung

M4 Klappentext des Buches „Wenn das Glück kommt, muss man ihm einen Stuhl hinstellen" von Mirjam Pressler

Das Glück kam bisher nur selten zu Halinka. Halinka ist zwölf und lebt seit Jahren im Heim. Was vor dieser Zeit war, erzählt sie nicht. Halinka hat keine Freundin und will auch keine. Am liebsten ist sie allein in ihrem wunderbaren Versteck auf dem Speicher. Dort schreibt sie all die Sprüche und Sätze auf, die ihr durch den Kopf gehen. Manchmal lässt sie sich mit Huckleberry Finn[1] auf einem Floß den Mississippi hinuntertreiben. Dann hat Fräulein Urban, die Heimleiterin, die verrückte Idee, alle Mädchen für das Müttergenesungswerk sammeln zu lassen. Halinka möchte unbedingt Sammelkönigin werden. Vielleicht kann sie dann wieder ihre geliebte Tante Lou besuchen. Halinka weiß - wenn das Glück kommt, dann muss man ihm einen Stuhl hinstellen. Und darauf wartet sie.

Beltz und Gelberg. 12. Auflage 2015

[1] Huckleberry Finn: eine Figur aus dem Roman „Tom Sawyer"

M5 Auszug aus einer Rezension zu „Wenn das Glück kommt, muss man ihm einen Stuhl hinstellen"

Möglich, dass solche Gerüche, Farben, Klänge Jugendlichen von heute fremd sind; die Gefühle, um die es in dieser merkwürdigen Woche im Leben eines zwölfjährigen Heimkinds geht, sind es nicht - Verlassenheit, Eifersucht, verletzter Stolz, Wut, Hass, Sehnsucht nach Zärtlichkeit und gleichzeitig ängstliche Abwehr jeder Zärtlichkeit. Um das tiefe Misstrauen eines verlassenen Kindes geht es in dem Roman; ums sich Behaupten in einer Welt, die nicht freundlich ist zu Kindern, in der man kämpfen muss, um nicht unterzugehen, und mit Zuneigung oder Hoffnung geizig haushält, damit man am Ende nicht reinfällt. Weshalb Halinka auch Distanz hält zu Renate, die nachts im Schlafsaal so oft vor sich hin weint. Denn „was nützt eine Freundin, die nicht stark ist" im Heim, wo nur der Starke Recht hat. O ja, sie kennt sich aus, diese Zwölfjährige, und sie ist so wenig gut, wie die Welt wenig gut ist. Und so wird sie also auch zehn Mark klauen aus der vollen Sammelbüchse.

Authentizität[1] rühmten die Kritiker an den Romanen Presslers, mit mehr als 30 Büchern einer der erfolgreichsten deutschen Kinder- und Jugendbuchautorinnen, vielfach ausgezeichnet, auch für ihre vorzüglichen Übersetzungen. Authentisch ist sie, weil sie Phantasie hat und Einfühlungsvermögen in die komplizierte Seelenlage von Kindern. Es sind Geschichten von Außenseitern – von Eva, die ihren Kummer in sich hineinfrisst („Bitterschokolade"), von Thomas, einem gehbehinderten 15-Jährigen („Stolperschritte"), von Herbert, dem Schulversager („Kratzer im Lack"). Oder, mit autobiografischen[2] Zügen, eben von Halinka, die ins Heim kommt wegen Verwahrlosung.

Elisabeth Bauschmid, Zeitschrift DER STANDARD, 22.06.2006

[1] die Authentizität: die Echtheit
[2] autobiografisch: das eigene Leben beschreibend

M6 Auszug aus einem Interview mit Mirjam Pressler

(...) Inzwischen war sie (Mirjam Pressler) auf Jugendbücher voll ungeahnter Ernsthaftigkeit gestoßen. Das machte ihr Mut: „Was ich mir wünsche, ist ein Ernstnehmen der kindlichen Welt, der äußeren und der inneren, mit allem Schwierigen, was dazugehört." Die Helden ihrer Bücher sind Außenseiter. (...) Nicht immer gehen ihre Geschichten gut aus.

Daher wird ihr häufig ein Mangel an Positivem vorgeworfen. Eltern vermissen heitere Lebensperspektiven in ihren Büchern. Doch die jungen Leser sind begeistert. „Ich finde, Sie schreiben genauso wie es wirklich ist. Ganz ohne Kompromisse beim Inhalt und bei der Sprache", findet der Jungleser Johannes. Und eine Mira schreibt: „Jedes Mal kommt es einem so vor, als hätten Sie die Geschichte, die Sie schreiben, selber erlebt." Sie spüren: Es geht der Autorin um eine stabile Identität ihrer Leser. (...)

Claudia Schülke, Hamburger Abendblatt, 07.06.2010, http://www.abendblatt.de/kultur-live/article107692930/Grosse-Literatur-fuer-kleine-Leser.html (gekürzt)

M7 Buchcover „Novemberkatzen"

Quelle: Beltz&Gelberg in der Verlagsgruppe Beltz

Dritter Schritt: Schreibplan anlegen

INFO zum dritten Schritt

Ein Schreibplan hilft dir, alle Materialien nach den Vorgaben der Teilaufgaben übersichtlich zu bearbeiten:

1. Nutze die Aufgabenstellung und deren Unterpunkte für deine Gliederung.
2. Lege in einem Schreibplan (Tabelle) die Gliederung deines Textes nach den Teilaufgaben (oberste Zeile) fest. In den senkrechten Spalten trägst du dazu passende Informationen aus den Materialien M1 – M7 ein.
3. In die Spalte *„Daran muss ich denken"* trägst du ein, worauf du bei der anschließenden Verschriftlichung achten willst. Notiere hier außerdem, welche Materialien du verwendet hast (Teilaufgabe 1 f).

5. Übertrage den Schreibplan unten auf eine DIN-A4-Seite. Lasse in den einzelnen Zeilen/Spalten ausreichend Platz. Du kannst auch den vorbereiteten Schreibplan von Seite 66 kopieren (C 5).

Schreibplan
Adressat: deine Mitschüler, Lehrer, Eltern
Situation/Thema: Namensgebung der Schule/Autorin Mirjam Pressler
Schreibziel: informierender Text über Mirjam Pressler

Aufgaben/ Material	1 a) Überschrift	1 b) Einleitung	1 c) ...	1 d) ...	1 e) ...	Daran muss ich denken:
M1		– 1940 in Darmstadt – ...				– Material sichten – Informationen zu den Teilaufgaben markieren – Randbemerkungen – Stichworte aus den Materialien in Schreibplan übertragen – ...
M2		– Pflegefamilie – Kinderheim				
M3			– aus Geldnot – hat sich so ergeben ...			
M4				– Figur Halinka lebt auch im Heim ...		
M5						
M6						
M7						

Vierter Schritt: Materialien auswerten und Stichworte im Schreibplan festhalten

INFO zum vierten Schritt

Deine Schreibaufgabe besteht darin, in einem informierenden Text alle Teilaufgaben zusammenhängend zu bearbeiten:

a) Finde eine passende **Überschrift** (Teilaufgabe 1 a). Orientiere dich dabei an der Vorgabe des Themas. Achte darauf, dass die Überschrift zum Lesen anregt.

b) In der **Einleitung** führst du in das Thema ein und machst kurz Angaben zu dem, was die Teilaufgabe fordert (Teilaufgabe 1 b).

c) Im **Hauptteil** erarbeitest du die Teilaufgaben 1 c – d. Das sind Aufgaben zu inhaltlichen Aspekten (z. B. *Lebenserfahrungen*). Beachte dazu genau die Operatoren (z. B. *darstellen, erklären, erläutern …*) und die Schlüsselwörter in den Teilaufgaben (z. B. *Bedeutung der Literatur, verarbeitete Themen …*).

d) Im **Schlussteil** ziehst du Schlüsse zu den genannten Aspekten der Teilaufgabe 1 e (z. B. *Warum schreibt die Autorin gerade für Jugendliche?*).

e) Abschließend nennst du in einem Satz noch die **Materialien**, die du verwendet hast (Teilaufgabe 1 f). Orientiere dich dazu an deiner Tabelle bzw. deinem Schreibplan.

6. Ergänze nun deinen Schreibplan stichwortartig. Beginne mit der ersten Spalte zur Überschrift (Teilaufgabe 1 a).

7. Notiere in der zweiten Spalte Stichworte zur Einleitung (Teilaufgabe 1 b). Gehe dazu auf die vorgegebenen Aspekte in der Teilaufgabe (*Geburtsjahr, -ort, Tätigkeiten, Aufenthaltsort*) ein.

8. a) Markiere in den Materialien, wie Mirjam Pressler zum Schreiben gekommen ist, und trage die gefundenen Informationen in die dritte Spalte des Schreibplans ein (Teilaufgabe 1 c).
   b) Notiere die Gründe, warum ihr Literatur viel bedeutet, ebenfalls in Spalte 3 (1 c).

9. a) Markiere in den Materialien, welche Themen die Autorin in ihren Büchern verarbeitet, und übertrage diese in die 4. Spalte des Schreibplans (Teilaufgabe 1 d).
   b) Sammle Hinweise darauf, wie die Autorin ihre Lebenserfahrungen mit der Welt ihrer Figuren verknüpft, und notiere diese ebenfalls in Spalte 4 (Teilaufgabe 1 d).

10. a) Ergänze stichpunktartig in Spalte fünf des Schreibplans den Begriff „beschädigte Kindheit" (Teilaufgabe 1 e).

- Kindheit wird nicht als „heile Welt" dargestellt
- Flucht, Ausgrenzung…

   b) Ziehe Schlüsse aus den Informationen, die du über die Autorin gesammelt hast, und notiere dir, warum sie deiner Meinung nach für Kinder und Jugendliche schreibt (Teilaufgabe 1 e). Ergänze deine Ergebnisse ebenfalls in der fünften Spalte deines Schreibplans.

- Pressler hat Ähnliches selbst erlebt, will Kindern Mut machen, ihnen das Gefühl nehmen, an ihrer Situation schuld zu sein …

TIPP zu 8./9./10.

1. Orientiere dich beim Festhalten der Notizen an den Operatoren (*stelle … dar, erkläre …*) und am Wortlaut (*Schlüsselwörter*) der Teilaufgaben. So kannst du beim Ausformulieren der Ergebnisse Wiederholungen vermeiden.
2. Achte darauf, dass du in **mehreren** Materialien Informationen zu **einer** Teilaufgabe finden kannst.

Fünfter Schritt: Einen informierenden Text schreiben

TIPP zum fünften Schritt

1. Schreibe deinen Text. Lasse einen **breiten Rand** an der Seite und unten, damit du Platz für die Überarbeitung und Ergänzungen hast.
2. Formuliere eine Überschrift, die zum Thema deines Textes passt (*Wissenswertes über Mirjam Pressler*).
3. Bringe die Ergebnisse aus deinem **Schreibplan** in eine **schlüssige und zusammenhängende Reihenfolge**. Achte darauf, dass du die Stichpunkte aus den verschiedenen Materialien miteinander verknüpfst. Orientiere dich an den Teilaufgaben. Setze nach jeder Teilaufgabe einen Absatz.
4. Berücksichtige beim Ausformulieren deines informierenden Textes den **Adressaten** (*deine Mitschülerinnen und Mitschüler, Lehrerinnen und Lehrer, Eltern*). Schreibe **sachlich, verständlich** und **anschaulich**:
   Mirjam Pressler wählt in ihren Büchern Themen, die für uns alle eine Bedeutung haben.
5. Halte dich an die dargestellten Fakten und Zahlen. Verwende Fachbegriffe, erkläre aber auch Begriffe und Namen, die in der Alltagssprache nicht häufig vorkommen.
6. Formuliere **in eigenen Worten** und im **Präsens**. Kennzeichne Zitate oder Belege durch Anführungszeichen und Angabe der Quelle:
   Mirjam Pressler sagt von sich „Ich war eine Tagträumerin.“ (M2, Zeile 26).

11. Verfasse deinen informierenden Text auf einem Extrablatt. Orientiere dich am TIPP und nutze deine Vorarbeit aus dem Schreibplan sowie die folgenden Textanfänge zu den Teilaufgaben.

Teilaufgabe 1 a: Wissenswertes über ...

Teilaufgabe 1 b: Unsere Schule soll nun nach der Autorin Mirjam Pressler benannt werden. Deshalb sollten alle Beteiligten genauer wissen, wer Mirjam Pressler eigentlich ist. Die Autorin wurde 1940 in ... geboren und ...

Teilaufgabe 1 c: Mirjam Pressler ist aus einem ganz naheliegenden Grund zum Schreiben gekommen, nämlich weil sie ...

Dennoch hat Literatur für sie eine große Bedeutung. Schon in früher Kindheit dachte sie sich Geschichten aus, in denen ...

Teilaufgabe 1 d: Presslers Bücher sind sicher deshalb so beliebt, weil sie darin Themen aufgreift, die für uns alle eine große Bedeutung haben und mit denen sich viele identifizieren können, zum Beispiel ...

Ihre eigenen Lebenserfahrungen lässt sie dabei nicht außen vor, denn ...

Teilaufgabe 1 e: Für Mirjam Pressler sind wir Jugendlichen und Kinder eine wichtige Lesergruppe, da ...

Der Begriff „beschädigte Kindheit“ ist damit eng verbunden. Sie meint damit, ...

Teilaufgabe 1 f: Ich habe für meinen Text Informationen aus den Materialien ... genutzt.

Sechster Schritt: Text überarbeiten

12. Überarbeite deinen informierenden Text. Verwende dazu die CHECKLISTE.

CHECKLISTE zur Überarbeitung von Texten (Aufgabentyp 2)

1. Den Text inhaltlich überprüfen (Inhaltsleistung)

- ✓ Hast du eine interessante Überschrift gewählt?
- ✓ Hast du in deinem Text alle Teilaufgaben der Schreibaufgabe und die Ergebnisse aus deinem Schreibplan berücksichtigt?
- ✓ Sind deine Informationen für den Leser nachvollziehbar und interessant formuliert?
- ✓ Wurden die Informationen (Aussagen, Fakten, Zahlen) richtig aus den Materialien übernommen?
- ✓ Wurden nachvollziehbare Schlussfolgerungen gezogen, die sich sinnvoll aus den Materialien ergeben?
- ✓ Hast du die Nummern der von dir genutzten Materialien notiert?

2. Den Text sprachlich überprüfen (Darstellungsleistung)

- ✓ Hast du den Text sinnvoll gegliedert? Ist er durch Absätze überschaubar gestaltet?
- ✓ Hast du unnötige Wiederholungen und unklare Formulierungen vermieden?
- ✓ Sind deine Sätze vollständig?
- ✓ Kannst du komplizierte Sätze vereinfachen?
- ✓ Hast du Zusammenhänge durch sinnvolle Satzverknüpfungen verdeutlicht?
- ✓ Hast du im Präsens geschrieben?
- ✓ Überprüfe auch Rechtschreibung, Zeichensetzung und Grammatik, denn sie fließen in die Bewertung ein und können den Lesefluss beeinträchtigen.
- ➡ Kontrolliere deinen Text mehrfach und berücksichtige deine persönlichen Fehlerschwerpunkte.

B 6 Schreibaufgabe zu einem erzählenden Text in sechs Schritten bearbeiten

Auf den folgenden Seiten werden die wichtigsten Arbeitsschritte für das Lesen und Erschließen eines erzählenden Textes und die Schritte zur Bearbeitung der Prüfungsaufgaben dargestellt. Auf den Seiten 35 – 37 findest du den erzählenden Text, mit dem du diese Schritte üben kannst. Auch in den angeleiteten Prüfungsaufgaben zum Thema „Eine Frage der Beziehung“ (Teil D) wird auf diese grundlegenden Seiten verwiesen.

Erster Schritt: Sich orientieren

TIPP zum ersten Schritt

Stürze dich nicht gleich in die Arbeit, sondern verschaffe dir einen ersten Überblick:

1. Mache dir klar, was die Aufgabe von dir verlangt. Lies dazu die einzelnen Teilaufgaben und unterstreiche alle wichtigen Hinweise auf das, was du tun sollst. So erhältst du oft schon Anhaltspunkte, worauf du beim Lesen und Erschließen des Textes achten musst.
2. Worum geht es in dem Text? Was verrät dir die Überschrift?

1. Lies die Aufgabenstellung in der Prüfungsvorlage (Seite 35) „mit dem Stift“. Markiere die Operatoren und die Schlüsselwörter.

2. Gib mit eigenen Worten wieder, was du tun sollst. Beachte die Reihenfolge der einzelnen Schritte.

___

___

3. Notiere stichpunktartig, was dir zu dem Titel „Marathon“ einfällt. Wovon könnte der Text handeln?

___

___

Zweiter Schritt: Text erschließen und Inhalt erfassen

4. a) Erschließe den Text wie im TIPP zum zweiten Schritt dargestellt. Setze dazu die Bearbeitung fort.
   b) Kennzeichne Besonderheiten durch Unterstreichungen und Randbemerkungen (z. B. zu Satzbau, sprachlichen Gestaltungsmitteln, Erzählform und -verhalten).

5. Worum geht es im Text? Formuliere Stichworte zum Thema.

   – Druck, den ein Vater auf seinen Sohn ausübt

   ___

   ___

TIPP zum zweiten Schritt

1. Markiere alle Textstellen, die dir unklar sind. Kläre unbekannte Ausdrücke aus dem Sinnzusammenhang oder mithilfe des Wörterbuchs. Beachte auch die Worterklärungen unter dem Text.
2. Unterstreiche Schlüsselstellen. Das sind Antworten auf die W-Fragen und Textstellen, die du zur Bearbeitung der Teilaufgaben heranziehen willst.
3. Bilde Sinnabschnitte. Notiere dazu jeweils eine Überschrift.
4. Notiere zu jedem Abschnitt Stichpunkte zum Inhalt.
5. Bestimme die Textart.

Eine Frage der Beziehung

Teil II

1 **Analysiere** den Text „Marathon“ von Reinhold Ziegler. Gehe dabei so vor:

a) **Schreibe** eine Einleitung, in der du Titel, Autor, Textart und Thema **benennst**.

b) **Fasse** den Text **zusammen**.

c) **Stelle** die Entwicklung der Sportlerkarriere des Sohnes **dar** und **erkläre**, warum er die gesteckten Ziele jeweils erreicht oder nicht.

d) **Erläutere** die Beziehung des Sohnes zu seinem Vater und ziehe dazu Textbelege heran.

e) **Untersuche**, wie durch sprachliche und formale Mittel deutlich gemacht wird, dass der vom Vater in der Kindheit ausgeübte Druck den Sohn ständig begleitet (*mögliche Aspekte: Satzbau, sprachliche Gestaltungsmittel, Erzählform und Erzählhaltung*). **Erkläre** in diesem Zusammenhang auch das Ende des Textes.

f) Ein Mitschüler sagt über den Text: *„Ich finde, der Sohn war zu gemein zu seinem Vater. Der wollte doch wirklich nur sein Bestes.“* **Setze** dich mit dieser Aussage **auseinander** und überlege, ob du die Einschätzung teilen kannst. **Begründe** deine Meinung und beziehe dich dabei auf den Text.

Marathon (2001) *Reinhold Ziegler*

Ich-Form

Aufzählung, Vater hat große Erwartungen an den Sohn – Sportler

Ob ich meinen Vater schon hasste, als ich auf die Welt kam, bezweifle ich. Ich vermute, ich fing damit erst an, als ich laufen lernen musste. Ein Sohn, der nur krabbeln konnte, der sich später mühsam von einem Bein aufs andere fallend, durch die Welt hangelte, der schließlich gehen konnte, aber doch nicht lief, noch nicht federnd aus den Fußgelenken, noch nicht abrollend mit der ganzen Sohle, noch nicht locker aus den Hüften heraus, noch nicht exakt im Knie geführt, der eben ging, wie ein Kind geht – all das muss ihn ungeduldig geschmerzt haben in seinem großen Sportlerherz. Und diese Ungeduld ließ er mich damals schon spüren.

Ehrgeiz des Vater verfolgt den Sohn

(...) Wenn ich an meine Kindheit denke, sehe ich nur ein Bild vor mir: Es ist mein Vater, laufend, schräg rechts vor mir. Er blickt über seine linke Schulter zurück und ruft: „Auf, auf!“ Und wenn ich länger hineinhöre in dieses Bild, dann höre ich sein gleichmäßiges Atmen, höre seinen Rhythmus: Schritt, Schritt, ein – Schritt, Schritt, aus. Und ich höre mein eigenes Keuchen, spüre mein Herz stechen und spüre den Hass, der mich zurückhalten will und der mich doch immer hinter ihm hertreibt. Und dann mein Vater, wie er zu anderen redete: „Der Junge hat Talent“, höre ich. „Aus dem wird mal was“, höre ich. Wenn er zu mir redete, hörte ich nur: „Auf, auf!“

An meinem dreizehnten Geburtstag lief ich zum ersten Mal die fünftausend Meter. Es war ein Sportfest, und ich musste mit den Achtzehnjährigen starten, weil in meiner Altersklasse und den zweien darüber niemand sonst auf diese Distanz antrat. Meine Vereinskameraden standen am Rand der Bahn und feuerten mich an. Fast zehn Runden hielt ich mit den Großen mit, dann fiel ich ab. Vater wartete an Start und Ziel, bei jeder Runde schrie er mir sein „Auf, auf!“ ins linke Ohr, die letzte Runde lief er auf dem Rasen neben mir her. „Auf, auf, auf!“, schrie er, aber ich hörte nichts mehr, lief wie bewusstlos, Schritt, Schritt, ein – Schritt, Schritt, aus – bis mir irgendwer eine Decke überwarf und ich verstand, dass es vorbei war. (...) „Gut gemacht, mein Läuferlein", flüsterte er in mein Keuchen. Und ich nahm diese Worte und schloss sie ein wie einen Edelstein, den man immer mal wieder ganz allein hervorholt, um ihn zu betrachten. „Gut gemacht, gut gemacht."

Später standen wir beieinander, alle die, denen Laufen Spaß machen musste. „Viel hat da nicht gefehlt", hörte ich meinen Vater. „Nächstes Jahr packen wir den ganzen Tross." Ich ging weg, nahm mein „Gut gemacht" heraus und sah es von allen Seiten an. Es hatte viele Facetten, das wusste ich nun. Ich wollte nicht an das nächste Jahr denken, aber natürlich tat ich es. Und natürlich hatte Vater recht.

Es war dasselbe Sportfest, ein Jahr später, als ich tatsächlich zum ersten Mal die fünftausend Meter gewann. Von nun an war ich, wie die Zeitungen schrieben, abonniert auf Sieg, das große deutsche Talent, unsere Olympiahoffnung und vieles andere mehr, was mich vergessen ließ, wie sehr ich meinen Vater hasste, vielleicht auch, dass ich ihn überhaupt hasste.

Ich studierte in einer anderen Stadt. Sport natürlich, was sonst. Ich trainierte zweimal täglich, professionell, wie man mir sagte, obwohl es auch nicht viel mehr war als das „Auf, auf!" meines Vaters, nur besser organisiert, wissenschaftlicher verpackt und anonymer. (...) Dann verpasste ich die Qualifikation, wurde nicht zur deutschen olympischen Hoffnung. (...) Ich fing an, auf Marathon zu trainieren. Irgendjemand hatte meinen Laufstil analysiert und mir von der Bahn, von fünftausend und zehntausend weg hin zu Marathon geraten. (...) Ich war gut im Marathon, aber meine Zeiten zeigten mir, für die Welt, die ganz große Welt, war ich auch hier nicht gut genug.

In dieser Zeit – es war kurz nachdem ich auch diese Qualifikation verpasst hatte – fuhr ich einmal nach Hause. Wie fremd saß ich dort an dem vertrauten Esstisch, trank Kaffee mit meinen Eltern wie früher und fand doch keine Worte, um das Versagen auszulöschen oder an die kleinen Siege meiner Vergangenheit anzuknüpfen.

Komm, lass uns laufen, sagte mein Vater, noch immer, ohne zu begreifen, wie sehr ich auch diesen Satz hasste. Als wir die Schuhe aussuchten, fragte er: „Wie weit?" „Marathon", sagte ich, ohne ihn anzusehen. Er war noch nie Marathon gelaufen, das wusste ich, und er war älter geworden. Ich ließ ihn voranlaufen und merkte nach den ersten paar hundert Metern, dass er es zu schnell anging. Ich ließ mich zurückfallen, aber immer wieder kam sein Kopf über die linke Schulter zu mir: „Auf, auf!" Nach nicht einmal einem Viertel der Strecke begannen ihn die Kräfte zu verlassen. Wieder drehte er sich um: „Auf! Sei nicht so faul!", rief er. „Führ du mal!" ich zog an ihm vorbei, hörte sein Atmen, viel zu hastig, viel zu ausgepumpt, viel zu verkrampft. (...)

Ich wollte ihn umbringen, wollte ihn winseln hören, wollte seine Ausflüchte hören, sein „Ich habe es doch nur gut gemeint." (...)

Ich zog noch ein bisschen an und er ging das Tempo mit. Sein Kopf wurde allmählich rot und fing an zu pendeln, seine Füße rollten jetzt nicht mehr, sondern platschten auf den Boden wie bei einem Kind, das froh ist, überhaupt von der Stelle zu kommen. Ab und zu drehte ich mich um: „Auf, auf!“, rief ich ihm über die Schulter zu.

(...) Keuchend und nach Luft ringend, lief er hinter mir her. Wir waren jetzt viel zu schnell, selbst ich würde dieses Tempo nicht bis zum Ende halten können, aber es würde ohnehin keinen Einlauf durchs große Marathontor geben, nicht heute und nie mehr. Dies war das letzte Rennen meines Lebens, und nichts und niemand konnte mich daran hindern, es für immer zu gewinnen. Plötzlich taumelte er, wie zwei Kreisel liefen seine Arme neben ihm her. Ich blieb stehen, um ihn aufzufangen, aber er stolperte an mir vorbei, ließ sich ein paar Meter weiter in die Wiese fallen und übergab sich. Ich drehte ihn um, stützte ihm die Stirn, verschaffte ihm mehr Luft. Sag es, dachte ich. Sag dieses verdammte: „Ich wollte doch nur dein Bestes!“ Aber er konnte nicht mehr sprechen, würgte alles heraus, was in ihm war, schnappte nach Luft wie ein Kind im Heulkrampf. Allmählich kam er zur Ruhe, sah mich an, sah mir von unten her lange in die Augen. „Hasst du mich so sehr?“, fragte er. Da war etwas wie erstauntes Entsetzen in seinen Augen. Aber ich schwieg, sah ihn nur an in all seiner Hilflosigkeit. „Nein, nicht mehr“, antwortete ich schließlich. „Nicht mehr, es ist vorbei, es ist gut.“ Wir blieben lange sitzen, wortlos, aber zum ersten Mal in unserem Leben einig. Dann trabten wir zurück. Ganz ruhig, fast gelassen. Nebeneinander.

aus: Reinhold Ziegler: Der Straßengeher. Weinheim/Basel: Beltz & Gelberg 2001, S. 82–87.

Dritter Schritt: Schreibplan anlegen

TIPP zum dritten Schritt

1. Die Schreibaufgabe besteht darin, in einem zusammenhängenden Text alle Teilaufgaben zu bearbeiten. Nutze die Aufgabenstellung und deren Unterpunkte für deine Gliederung.
2. Lege in einem Schreibplan (Tabelle) die Gliederung deines Textes (linke Spalte) fest:
   a) In der Einleitung stellst du den Text vor, machst Angaben zu Titel, Autor, Textart, Erscheinungsjahr und Thema (Teilaufgabe 1a). Du formulierst also den TATTE-Satz.
   b) Im Hauptteil wendest du dich den Teilaufgaben 1b–e zu. Das sind Aufgaben zu inhaltlichen und formalen Aspekten (z. B. Textart, Form, Sprache, Erzählweise). Beachte dazu genau die Operatoren (z. B. *darstellen, beschreiben, erklären* ...) und die Schlüsselwörter in den Teilaufgaben (z. B. *Entwicklung der Sportlerkarriere, gesteckte Ziele, Beziehung* ...). Zitate und Belege unterstützen deine Aussagen. Daher solltest du sie bereits in deinem Schreibplan notieren.
   c) Deinen Text rundest du am Schluss mit einer Stellungnahme ab. Achte auf die genaue Formulierung der letzten Aufgabe (Teilaufgabe 1 f).

6. a) Übertrage den Schreibplan von Seite 38 auf eine DIN-A4-Seite. Lasse in den einzelnen Zeilen ausreichend Platz. Du kannst auch den vorbereiteten Schreibplan von Seite 94 kopieren (D 5).
   b) Vervollständige stichwortartig die linke Spalte. Orientiere dich dazu an den Teilaufgaben von Seite 35 (Operatoren und Schlüsselwörter). So behältst du die Aufgaben im Blick und vermeidest Wiederholungen.

Teilaufgaben	Stichworte zur Bearbeitung
1 a) Einleitung: TATTE-Satz	– Titel: … – Autor: Reinhold Ziegler – Textart: kurze Erzählung (epischer Text) – Erscheinungsjahr: – Thema: …
1 b) Inhalt zusammenfassen	– bereits als der Sohn noch ganz klein ist, hat sein Vater große Erwartungen an ihn, denn dieser ist Sportler – wenn der Sohn zurückdenkt, …
1 c) Entwicklung der Sportlerkarriere (Sohn) darstellen; Erreichen und Nicht-Erreichen der Ziele erklären	– Sohn „muss" als Kind lernen, wie er richtig läuft (Z. 4); Vater trainiert ständig mit ihm und feuert ihn an (Z. 4–34) → Vater ist stolz auf ihn, hält viel von ihm, gibt mit ihm an (Z. 35–37) …
1 d) Beziehung (Vater + Sohn) erläutern + Textbelege	…
1 e) …	…
1 f) …	…

Vierter Schritt: Text untersuchen und Stichworte im Schreibplan festhalten

INFO zum vierten Schritt

Ein erzählender Text stellt häufig ein bestimmtes zwischenmenschliches oder gesellschaftliches Problem dar. In der Analyse sollst du diese Textaussage herausarbeiten.

1. Zuerst musst du den **Text vorstellen** und den **Inhalt zusammenfassen**.
2. Danach bearbeitest du **Aufgaben zum Inhalt** und zur **Form/Sprache** des Textes:
   a) Untersuche den Text dazu **aufgabenbezogen**. Konzentriere dich auf die Schwerpunkte, die in den Aufgaben verlangt werden. Suche dazu passende Textstellen.
   b) Mit Blick auf **Inhalt**, **Form** und **Sprache** musst du auf Folgendes achten:
   - **Inhalt:** Überschrift, Thema/Motive, Atmosphäre, Handlung, Personen und ihre Beziehungen, Gefühle, Gedanken, Konflikte.
   - **Form/Sprache:** Textart, Wortwahl (Schlüsselwörter), Satzbau, sprachliche Gestaltungsmittel, Erzählform und -verhalten.

   Du ermittelst diese Gestaltungsmerkmale, um **Wirkung** und **Deutung** des Textes zu erklären. Manchmal musst du auch die **Entstehungszeit** des Textes berücksichtigen.

7. Ergänze deinen Schreibplan stichwortartig. Beginne mit der ersten Zeile zur Einleitung (Teilaufgabe 1 a) und orientiere dich am TIPP.
   a) Notiere Titel, Autor, Erscheinungsjahr und Textart.
   b) Formuliere das Thema.

TIPP zu 7.: Formulieren einer Einleitung

1. Stelle die Erzählung vor: Autor, Titel, Erscheinungsjahr.
2. Ermittle die Textart. Handelt es sich um einen Auszug aus einem Roman, eine Kurzgeschichte, eine Novelle, eine Parabel, …?
3. Formuliere das Thema des Textes in wenigen Sätzen. Achte darauf, dass deine Formulierung sich auf den gesamten Text bezieht.

8. Notiere in der zweiten Zeile Stichworte zur Zusammenfassung des Inhalts (Teilaufgabe ❶ b):
   - Nutze dazu deine Stichpunkte aus der Texterschließung (Aufgabe 4, S. 34).
   - Notiere die Stichworte zu den Sinnabschnitten im Schreibplan. Orientiere dich an den unterstrichenen Schlüsselwörtern. So kannst du beginnen:

1. Sinnabschnitt: (Z. 1–19)

- bereits als der Sohn noch ganz klein ist, hat sein Vater große Erwartungen an ihn, denn auch dieser ist Sportler
- der Vater hat schon in seiner Kindheit ungeduldig auf seinen Laufstil des Sohnes geachtet ...

9. a) Markiere im Text die einzelnen Schritte in der Sportlerkarriere des Sohnes und notiere sie in der dritten Zeile deines Schreibplans (Aufgabe ❶ c). Ergänze passende Textstellen als Belege.
   b) Notiere hinter jedem Karriereschritt, ob dieses Ziel jeweils erreicht wurde oder nicht (Teilaufgabe ❶ c). Mache dies durch einen Folgepfeil deutlich.

- Sohn „muss“ als Kind lernen, wie er richtig läuft (Z. 4); Vater trainiert ständig mit ihm und feuert ihn an (Z. 4–34) → Vater ist stolz auf ihn, hält viel von ihm, gibt mit ihm an (Z. 35–37)
- 13. Geburtstag: erstes Mal 5000-Meter-Lauf (Z. 40–47); läuft gegen 18-Jährige → ...

10. Erläutere, wie du die Beziehung zwischen Sohn und Vater nach der Untersuchung des Textes einschätzt. Sammle dazu Stichwörter in der vierten Zeile der Tabelle (Teilaufgabe ❶ d).

- schwieriges Verhältnis, da Vater den Sohn von klein auf durch das Training und seine Erwartungshaltung unter Druck gesetzt hat (Z. 1–39)
- Ich-Erzähler meint sogar, seinen Vater später zu hassen, während er dies als Kind noch nicht tat („Ob ich meinen Vater schon hasste, als ich auf die Welt kam, bezweifle ich.“, Z.1–3)
- kein normales Vater-Sohn-Verhältnis, sondern der Vater erscheint durch den übermäßigen Ehrgeiz wie ein Antreiber (Z. 51–55) ...

TIPP zu 10.

1. In Teilaufgabe ❶ d zeigst du, ob du die Botschaft des Ich-Erzählers und damit die Intention des Textes richtig verstanden hast, denn der Ich-Erzähler verarbeitet in diesem Text das angespannte Verhältnis zu seinem Vater.
2. Betrachte die Beziehung der beiden auf den gesamten Text bezogen. Verdeutliche die dargestellte Entwicklung und erkläre, wie es zu diesem angespannten Verhältnis gekommen ist.
3. In Teilaufgabe ❶ d wird verlangt, Textbelege heranzuziehen. Diese solltest du wiederum im Schreibplan notieren. Dabei kannst du deinen Text anschaulicher gestalten, wenn du auch wörtlich zitierst.

11. a) Ergänze in Zeile 5 der Tabelle, wie durch Form und Sprache deutlich wird, dass der Druck des Vaters den Sohn ständig begleitet (Teilaufgabe ❶ e).

- Sohn muss seine Kindheit und Jugend verarbeiten, denn er denkt immer wieder an die Anweisungen seines Vaters – auch als er schon studiert → Wiederholungen: „Auf, auf!“ (Z. 25, Z. 53 ...), „Schritt, Schritt , ein – Schritt, Schritt, aus“ (Z. 28–29); diese Äußerungen verfolgen ihn, weil der Vater sie immer beim Trainieren wiederholt hat ...

- Erzähler nutzt viele Vergleiche: „[...] der eben ging, wie ein Kind geht [...]" (Z. 14/15) → macht deutlich, dass er eigentlich ein ganz normales Kind war; „[...] lief wie bewusstlos [...]" (Z. 57) → zeigt, dass er alles gegegeben hat, um die Erwartungen des Vaters zu erfüllen ...

b) Die Erzählung endet mit den Sätzen „*Wir blieben lange sitzen, wortlos, aber zum ersten Mal in unserem Leben einig. Dann trabten wir zurück. Ganz ruhig, fast gelassen. Nebeneinander.*" (Z. 191 –195). Erkläre, welche Entwicklung in der Beziehung von Vater und Sohn sich hier zeigt (zweiter Teil von Teilaufgabe **1** e). Ergänze deine Ergebnisse ebenfalls in der fünften Zeile des Schreibplans.

- Sohn behandelt den Vater bei seinem Besuch zu Hause ebenso, wie dieser ihn in all den Jahren seiner Kindheit und Jugend behandelt hat ...
- Sohn treibt Vater an, obwohl er weiß, dass dieser seine Grenzen überschreiten muss, denn er ist mittlerweile alt und noch nie Marathon gelaufen (Z. 127–129) ...

12. a) Lies die Teilaufgabe **1** f. Mache dir klar, wozu du Stellung nehmen sollst. Erläutere die Aussage im Schreibplan kurz in eigenen Worten.

Ein Mitschüler sagt über den Text, er finde, der Sohn ...

Damit meint er, dass ...

b) Welchen Standpunkt vertrittst du?

c) Sammle in Stichworten Gedanken und notiere sie geordnet in deinem Schreibplan. Schreibe auch die Textstellen auf, die du als Belege in deiner Argumentation berücksichtigen willst.

TIPP zu 11 a) und b)

Achte bei der Untersuchung von Form und Sprache auf Satzbau, sprachliche Gestaltungsmittel, Erzählform und Erzählhaltung. Auf diese Merkmale wird oft schon in der Aufgabenstellung verwiesen. Notiere im Schreibplan auch immer gleich die Wirkung dieser Merkmale.

TIPP zu 12 a) und c)

Wenn eine Stellungnahme zu einer Aussage zum Text/zu einem Zitat von dir erwartet wird, gehe so vor:

1. Gib die Aussage/das Zitat direkt oder indirekt wieder und erkläre, was damit gemeint ist.
2. Stelle deinen Standpunkt eindeutig dar. Du kannst zustimmen, ablehnen oder einen Kompromiss finden. Wichtig ist, dass du die Gründe abwägst und am Ende ein zusammenfassendes Fazit ziehst.
3. Begründe deine Position nachvollziehbar und stichhaltig. Beziehe dich dabei auf den Text und führe auch Zitate an, die deine Meinung anschaulich belegen.

Fünfter Schritt: Text schreiben

TIPP zum fünften Schritt

1. Formuliere deinen Text. Lasse einen **breiten Rand** an der Seite und unten, damit du Platz für die Überarbeitung und Ergänzungen hast. Schreibe so, als würde dein Leser den erzählenden Text nicht kennen.
2. Schreibe im **Präsens**. Um Vorzeitigkeit auszudrücken, nutzt du das **Perfekt**.
3. Bringe die Ergebnisse aus deinem **Schreibplan** in einen **schlüssigen und zusammenhängenden Gedankengang**. Dazu fasst du **ähnliche Beobachtungen** zusammen und beschreibst ihre **Wirkung**, damit dein Leser versteht, warum der Autor bestimmte inhaltliche, sprachliche und formale Merkmale ausgewählt hat. Vermeide **Wiederholungen.**
4. Verwende **Zitate**, wenn du etwas Typisches

oder Bemerkenswertes herausstellen willst oder **um eigene Aussagen zu belegen**. Kennzeichne Zitate durch Anführungszeichen und Zeilenangaben in Klammern.

5. **Fachbegriffe** helfen, präzise zu formulieren.
6. Verwende passende **Satzverknüpfungswörter**. So wirkt dein Text zusammenhängend.
7. Setze nach jeder Teilaufgabe einen **Absatz**.

13. Fasse deine Analyseergebnisse in einem geschlossenen Text zusammen. Orientiere dich am TIPP von Seite 40. Nutze die Vorarbeit aus deinem Schreibplan sowie die folgenden Textanfänge.

Teilaufgabe 1 a: In der kurzen Erzählung „Marathon“ von Reinhold Ziegler, die dieser im Jahre 2001 verfasst hat, geht es um das schwierige Verhältnis eines Sohnes zu seinem ...

Teilaufgabe 1 b: Bereits als der Sohn noch ganz klein ist, hat sein Vater große Erwartungen an ihn, denn dieser ist ebenfalls Sportler. Wenn der Sohn zurückdenkt, erinnert er sich an ...

Teilaufgabe 1 c: Der Sohn „muss“ schon als Kind lernen, wie er richtig zu laufen hat (Z. 4). Der Vater trainiert ständig mit ihm und feuert ihn an (Z. 4–34). Er ist stolz auf ihn und ...

Teilaufgabe 1 d: Vater und Sohn haben ein schwieriges Verhältnis, da der Vater seinen Sohn durch seine Erwartungshaltung unter Druck gesetzt hat (Z. 1–39). Der Ich-Erzähler meint ...

Teilaufgabe 1 e: Durch die verwendete Form und Sprache wird deutlich, dass der Druck des Vaters den Sohn bis zu dem Ereignis bei seinem Besuch begleitet hat, denn der Sohn denkt immer wieder an die Anweisungen seines Vaters. Dies wird z.B. durch die Wiederholungen erkennbar: „Auf, auf!“ (Z. 25, 38/39, 96) oder „Schritt, Schritt, ein – Schritt, Schritt ...

Teilaufgabe 1 f: Ein Mitschüler sagt über den Text, er finde, der Sohn sei zu seinem Vater zu gemein gewesen. Er meint damit, dass er den Vater zum Marathonlauf gezwungen habe ...

Sechster Schritt: Text überarbeiten

14. Überarbeite deinen Text. Verwende dazu die CHECKLISTE.

CHECKLISTE zur Überarbeitung von Texten (Aufgabentyp 4a)

1. Den Text inhaltlich überprüfen (Inhaltsleistung)
- ✓ Hast du in deinem Text alle Unterpunkte der Schreibaufgabe und die Ergebnisse aus deinem Schreibplan berücksichtigt?
- ✓ Sind deine Ergebnisse für den Leser nachvollziehbar formuliert, d. h. hast du erklärt, wie du etwas verstanden hast, und dieses durch Textbelege veranschaulicht?
- ✓ Ist klar, welche Bedeutung Form und Sprache des Textes für die Aussageabsicht haben?
- ✓ Hast du deine Ergebnisse miteinander verknüpft und Zusammenhänge hergestellt?
- ✓ Hast du in der Stellungnahme deine Position durch Begründungen sowie durch Zitate/Belege gestützt?

2. Den Text sprachlich überprüfen (Darstellungsleistung)
- ✓ Hast du den Text sinnvoll gegliedert? Ist er durch Absätze überschaubar gestaltet?
- ✓ Hast du unnötige Wiederholungen und unklare Formulierungen vermieden?
- ✓ Sind deine Sätze vollständig?
- ✓ Kannst du komplizierte Sätze vereinfachen?
- ✓ Hast du Zusammenhänge durch sinnvolle Satzverknüpfungen verdeutlicht?
- ✓ Überprüfe auch Rechtschreibung, Zeichensetzung und Grammatik, denn sie fließen in die Bewertung ein.
- ➡ Kontrolliere deinen Text mehrfach. Berücksichtige deine persönlichen Fehlerschwerpunkte.

B 7 Schreibaufgabe zu einem Gedicht in sechs Schritten bearbeiten

Auf den folgenden Seiten werden die wichtigsten Arbeitsschritte für das Lesen und Erschließen eines Gedichtes und die Schritte für die Bearbeitung der Aufgaben dargestellt. Auf der Seite 43 findest du das Gedicht, mit dem du diese Schritte üben kannst. Auch in den angeleiteten Prüfungsaufgaben zum Thema „Eine Frage der Beziehung" (Teil D) wird auf diese grundlegenden Seiten verwiesen.

Erster Schritt: Sich orientieren

TIPP zum ersten Schritt

Stürze dich nicht gleich in die Arbeit, sondern verschaffe dir einen ersten Überblick:

1. Mache dir klar, was die Aufgabe von dir verlangt. Lies dazu die einzelnen Teilaufgaben und unterstreiche alle wichtigen Hinweise auf das, was du tun sollst. So erhältst du oft schon Anhaltspunkte, worauf du beim Lesen und Erschließen des Gedichtes achten musst.
2. Worum geht es in dem Gedicht? Was verrät dir die Überschrift?

1. Lies die Aufgabenstellung in der Prüfungsvorlage (Seite 43) „mit dem Stift". Markiere die Operatoren und die Schlüsselwörter.

2. Gib mit eigenen Worten wieder, was du tun sollst. Beachte auch die Reihenfolge der einzelnen Schritte.

3. Notiere stichpunktartig, was dir zu dem Titel „Sachliche Romanze" einfällt. Um welches Thema könnte es gehen? Wovon könnte das Gedicht handeln?

____

____

Zweiter Schritt: Text lesen und Inhalt erfassen

4. a) Erschließe das Gedicht wie im TIPP zum zweiten Schritt dargestellt. Setze dazu die Bearbeitung fort.
   b) Kennzeichne Besonderheiten durch Unterstreichungen und Randbemerkungen (z. B. zu Strophen- und Versanzahl, Reimschema, Enjambements, sprachlichen Gestaltungsmitteln).

5. Worum geht es im Text? Formuliere Stichworte zum Thema.

   – Beziehung zwischen zwei Partnern nach acht Jahren
   – Alltagstrott, Gewohnheit, verlorene Liebe, ggf. gescheiterte Ehe

TIPP zum zweiten Schritt

1. Markiere alle Textstellen, die dir unklar sind. Kläre diese Ausdrücke aus dem Sinnzusammenhang oder schlage sie im Wörterbuch nach. Beachte auch die Worterklärungen unter dem Text.
2. Unterstreiche Schlüsselstellen. Das sind Textstellen, die für das Verständnis wichtig sind.
3. Formuliere eine Überschrift und Stichworte zu den einzelnen Strophen bzw. Sinnabschnitten. Notiere auch Hinweise zu Atmosphäre und Stimmung.
4. Da auch die formale und sprachliche Gestaltung für das Verständnis wichtig sind, mache dir Notizen zu Strophen- und Versanzahl, Reimschema, Enjambements, sprachlichen Gestaltungsmitteln etc. (vgl. Glossar, Stichwort Lyrik).

Eine Frage der Beziehung

Teil II

1 **Analysiere** das Gedicht „Sachliche Romanze" von Erich Kästner. Gehe dabei so vor:

a) **Schreibe** eine Einleitung, in der du Titel, Autor, Textart, Thema und Erscheinungsjahr **benennst**.

b) **Fasse** den Inhalt des Gedichts in eigenen Worten **zusammen**.

c) **Beschreibe** die im Gedicht dargestellte Beziehung. Ziehe dazu Textbelege heran.

d) **Untersuche**, wie durch sprachliche und formale Mittel deutlich gemacht wird, dass die Liebe in der dargestellten Beziehung „abhanden" (V. 3) gekommen ist (*mögliche Aspekte: Strophen, Reimschema, Wortwahl, sprachliche Gestaltungsmittel*).

e) **Erkläre** anhand von Textbelegen, warum Erich Kästner als Titel seines Gedichts „Sachliche Romanze" ausgewählt hat.

f) **Verfasse** einen kurzen Text aus der Sicht des Mannes oder aus der Sicht der Frau:
- Welche Gedanken hat der Mann/die Frau bezüglich ihrer Beziehung?
- Was fühlt die Person für ihr Gegenüber?
- Warum kann die Person die Situation „einfach nicht fassen" (V. 17)?

Schreibe in der Ich-Form und **berücksichtige** die Informationen, die das Gedicht gibt.

Sachliche Romanze (1928)

Erich Kästner

Als sie einander acht Jahre kannten
(und man darf sagen: sie kannten sich gut),
kam ihre Liebe plötzlich abhanden.
Wie andern Leuten ein Stock oder Hut.

a → zwei Partner, kennen sich 8 Jahre, „sie"
b → eingeschobener Kommentar, „man"
a → Liebe geht verloren; „plötzlich" – Grund?
b → Vergleich; Liebe als Gegenstand
↳ Kreuzreim, Parataxe und Enjambement zwischen V. 1 und 2: wirkt amüsant, beinahe alltäglich, wie Erzählung

Sie waren traurig, betrugen[1] sich heiter,
versuchten Küsse, als ob nichts sei,
und sahen sich an und wussten nicht weiter.
Da weinte sie schließlich. Und er stand dabei.

c → verhalten sich anders als sie fühlen
d → Vergleich; wollen Situation nicht wahrhaben
c → Ratlosigkeit
d → Frau reagiert emotional; Mann weiß nicht, was er machen soll; hilflos
↳ Kreuzreim; Beschreibung wirkt sachlich, Feststellung von Tatsachen

Vom Fenster aus konnte man Schiffen winken.
Er sagte, es wäre schon Viertel nach vier
und Zeit, irgendwo Kaffee zu trinken.
Nebenan übte ein Mensch Klavier.

Sie gingen ins kleinste Café am Ort
und rührten in ihren Tassen.
Am Abend saßen sie immer noch dort.
Sie saßen allein, und sie sprachen kein Wort
und konnten es einfach nicht fassen.

[1] sie betrugen: Präteritumform von sich betragen: verhalten

Aus: Erich Kästner: Lärm im Spiegel. In: Gesammelte Schriften, Band 1, Gedichte, Verlag Kiepenheuer & Witsch, Köln, 1959, S. 101.

Dritter Schritt: Schreibplan anlegen

INFO zum dritten Schritt

1. Die Schreibaufgabe besteht darin, in einem zusammenhängenden Text alle Teilaufgaben zu bearbeiten. Nutze die Aufgabenstellung und deren Unterpunkte für deine Gliederung.
2. Lege in einem Schreibplan (Tabelle) die Gliederung deines Textes (linke Spalte) fest:
   a) In der **Einleitung** stellst du den Text vor, machst Angaben zu Titel, Autor, Textart, Erscheinungsjahr und Thema (Teilaufgabe 1 a). Du formulierst also den TATTE-Satz.
   b) Im **Hauptteil** wendest du dich den Teilaufgaben 1 b – e zu. Das sind Aufgaben zu inhaltlichen und formalen Aspekten (z. B. *Art der Beziehung, Titel, Form, Sprache*). Beachte dazu genau die Operatoren (z. B. *darstellen, beschreiben, erklären …*) und die Schlüsselwörter in den Teilaufgaben (z. B. *dargestellte Beziehung, abhanden gekommene Liebe, Titel …*).
   Zitate und Belege unterstützen deine Aussagen. Daher solltest du sie bereits in deinem Schreibplan notieren.
   c) Zum Schluss verfasst du einen Text aus der Sicht des Mannes/der Frau. Achte genau auf die Fragen, auf die du eingehen sollst. Schreibe in der Ich-Form (Teilaufgabe 1 f).

6. a) Übertrage den Schreibplan unten auf eine DIN-A4-Seite. Lasse in den einzelnen Zeilen ausreichend Platz. Du kannst auch den vorbereiteten Schreibplan von Seite 94 kopieren (D 5).
   b) Vervollständige stichwortartig die linke Spalte. Orientiere dich dazu an den Teilaufgaben von Seite 43 (Operatoren und Schlüsselwörter). So behältst du die Aufgaben im Blick und vermeidest Wiederholungen.

Teilaufgaben	**Stichworte zur Bearbeitung**
1 a) Einleitung: TATTE-Satz	– Titel: Sachliche Romanze – Autor: … – Textart: Gedicht (lyrischer Text) – Erscheinungsjahr: – Thema: …
1 b) Inhalt zusammenfassen	– ein Paar stellt nach acht Jahren Beziehung fest, dass die Liebe plötzlich nicht mehr da ist …
1 c) Beziehung beschreiben + Textbelege	– die Beziehung der beiden ist dem Alltagstrott und der Gewohnheit verfallen (V. 2); sie stellen fest, dass die Liebe „abhanden“ gekommen ist (V. 3) → das belastet die beiden Partner, doch sie wollen es nicht wahrhaben (V. 5) …
1 d) Liebe ist „abhanden gekommen“ (V. 3) – Eindruck mithilfe von Form und Sprache erklären	– Partner stellen fest, dass die Liebe ein Gefühl ist, das vergehen kann (V. 3); dieser Vorgang wird durch einen Vergleich (V. 4) als fast gewöhnlich dargestellt → alltäglich; Wirkung entsteht durch Kreuzreim und Rhythmus …
1 e) …	…
1 f) …	…

Vierter Schritt: Text untersuchen und Stichworte im Schreibplan festhalten

INFO zum vierten Schritt

Ein Gedicht stellt häufig ein zwischenmenschliches oder gesellschaftliches Problem sowie Emotionen oder Stimmungen dar. In der Analyse sollst du diese Textaussage herausarbeiten:

1. Zuerst musst du das **Gedicht vorstellen** und den **Inhalt zusammenfassen**. Dazu kannst du zumeist strophenweise vorgehen.
2. Danach bearbeitest du **Aufgaben zum Inhalt** und zur **Form/Sprache** des Textes:
   a) Lies noch einmal die **Teilaufgaben** ganz genau und untersuche das Gedicht beim zweiten Lesen **aufgabenbezogen**, d.h. du konzentrierst dich auf die Schwerpunkte, die in den Aufgaben verlangt werden, z.B. *die dargestellte Beziehung* (Teilaufgabe 1 c), und suchst nach Versen, die zur Bearbeitung dieser Aufgabe hilfreich sind.
   b) Mit Blick auf **Inhalt, Form** und **Sprache** musst du auf Folgendes achten:
   - **Inhalt:** Überschrift, Thema/Motive, Atmosphäre/Stimmung, Handlung, Personen und ihre Beziehungen, Gefühle, Gedanken, Konflikte.
   - **Form/Sprache:** Gedichtform, Strophen- und Versaufbau sowie -anzahl, Reimschema, Metrum, Wortwahl (Schlüsselwörter), Interpunktion, Satzbau, Enjambements, Zeilenstil, sprachliche Gestaltungsmittel (Metapher, Personifikation, Wiederholung, Vergleich, Anapher ...).

   Wenn dir Fachbegriffe unklar sind, schlage im Glossar unter dem Stichwort Lyrik nach (S. 141). Auch die Rechtschreibung kann für die Interpretation wichtig sein.

Du ermittelst diese Gestaltungsmerkmale, um die **Wirkung** und **Deutung** des Textes zu erklären. Manchmal musst du auch die **Entstehungszeit** des Textes bedenken, denn diese Information kann für das Verständnis ebenfalls von Bedeutung sein.

7. Ergänze deinen Schreibplan stichwortartig. Beginne mit der ersten Zeile zur Einleitung (Teilaufgabe 1 a). Orientiere dich am TIPP:
   a) Notiere Titel, Autor, Erscheinungsjahr und Textart.
   b) Formuliere das Thema.

8. Notiere in der zweiten Zeile Stichworte zur Zusammenfassung (Teilaufgabe 1 b):
   - Nutze deine Stichpunkte aus der Texterschließung (Aufgabe 4, S. 42).
   - Notiere die Stichworte zu den Strophen im Präsens in deinem Schreibplan. Für die Vorzeitigkeit verwendest du das Perfekt. Orientiere dich an den unterstrichenen Schlüsselwörtern. Beginne so:

1. Strophe: (Z. 1–4)
– ein Paar stellt nach acht Jahren Beziehung fest, dass die Liebe plötzlich fort ist
– die Partner wollen es nicht wahrhaben und ...

TIPP zu 7.

Formulieren einer Einleitung:
1. Stelle das Gedicht vor: Autor, Titel, Erscheinungsjahr. Du kannst auch die Quelle angeben. Sie steht meist unter dem Text.
2. Ermittle die Textart, wenn möglich, genauer: Handelt es sich um einen Songtext, eine Ballade, ein Sonett ...? Die Merkmale dieser Textarten kannst du im Glossar ab Seite 140 nachlesen.
3. Formuliere das Thema des Gedichts in wenigen Sätzen. Achte darauf, dass deine Formulierung sich auf den gesamten Text bezieht, z.B. *In dem Gedicht wird eine gescheiterte Beziehung dargestellt, da die Partner nach einigen Jahren feststellen, dass die Liebe zueinander nicht mehr vorhanden ist.*

9. Mache dir Notizen zur Stimmung der beiden Partner und markiere passende Textbelege.
Ziehe Schlussfolgerungen über die dargestellte Beziehung und notiere diese in der dritten Zeile deines Schreibplans (Teilaufgabe 1 c). Ergänze passende Textstellen als Belege.

- die Beziehung der beiden ist dem Alltagstrott und der Gewohnheit verfallen (V. 2)
- sie stellen fest, dass die Liebe „abhanden gekommen" ist (V. 3) → das belastet die beiden Partner, doch sie wollen es nicht wahrhaben, denn sie verhalten sich anders als sie fühlen (V. 5)
- Frau und Mann gehen mit dieser Feststellung unterschiedlich um, denn ...

TIPP zu 9.

1. Orientiere dich beim Festhalten der Notizen an den Operatoren (*beschreibe, erkläre*) und am Wortlaut (*Schlüsselwörter*) der Teilaufgabe. So kannst du beim Ausformulieren der Ergebnisse Wiederholungen vermeiden.
2. Wenn du die Teilaufgaben zu Inhalt, Form und Sprache bearbeitest, ergänze im Schreibplan Textbelege, die du beim Ausformulieren heranziehen willst. So ersparst du dir das Suchen im Text. Beim Zitieren gibst du Verse an: z. B. *V. 3*.
3. Formuliere deine Stichwörter in eigenen Worten.

10. Finde heraus, woran deutlich wird, dass die Liebe der beiden „abhanden gekommen " (V. 3) ist (Teilaufgabe 1 d). Sammle deine Stichwörter in der vierten Zeile der Tabelle:
   a) Markiere Textstellen, die besonders sachlich erscheinen und die zeigen, dass die Beziehung eher lieblos wirkt.
   b) Ermittle, welche formalen und sprachlichen Gestaltungsmittel diesen Eindruck zudem verstärken.

- Partner stellen fest, dass die Liebe ein Gefühl ist, das vergehen kann (V. 3); dieser Vorgang wird durch einen Vergleich (V. 4) als fast gewöhnlich dargestellt → alltäglich; diese Wirkung entsteht durch den verwendeten Kreuzreim und den gleichmäßigen Rhythmus (Metrum)
- beide Partner versuchen dennoch weiterzumachen (Vergleich V. 6), doch auch ihre Ratlosigkeit wird durch Parataxen, die mit der Konjunktion „und" (V. 7) verknüpft sind, deutlich ...

TIPP zu 10 a) und b)

Achte bei der Untersuchung der Form und Sprache auf folgende Merkmale: Strophen, Reimschema, Wortwahl, sprachliche Gestaltungsmittel. Auf diese wird häufig bereits in der Aufgabenstellung hingewiesen. Du kannst zusätzlich aber auch weitere Auffälligkeiten einbeziehen, z. B. Verse, Satzbau, Enjambements, Zeilenstil etc. Manchmal weist eine Unregelmäßigkeit beim Strophenaufbau oder bei der Versanzahl auch auf inhaltlich Wichtiges hin. Notiere in deinem Schreibplan dazu auch immer die Wirkung dieser Merkmale.

11. Ergänze in Zeile fünf der Tabelle, warum der Autor Erich Kästner seinem Gedicht den Titel „Sachliche Romanze" gegeben hat (Teilaufgabe 1 e).

- der Titel „Sachliche Romanze" ist ein Oxymoron, d. h. eine Verknüpfung von eigentlich gegensätzlichen Begriffen; damit verdeutlicht Kästner ...

TIPP zu 11.

Vergleiche deine Eindrücke aus den Analyseaufgaben mit dem Titel des Gedichts. Achte auch darauf, ob dieser ein sprachliches Gestaltungsmittel enthält.

12. a) Lies die Teilaufgabe 1 f. Mache dir klar, aus wessen Sicht du schreiben sollst (in diesem Fall darfst du eine Person auswählen).
b) Notiere im Schreibplan stichwortartig, auf welche Inhalte du in dem inneren Monolog eingehen sollst.

1. Darstellung der Gedanken der Frau (Ich-Form) bezogen auf die Beziehung ...

c) Beantworte die Fragen (Teilaufgabe 1 f) stichwortartig aus der Sicht des Mannes/der Frau, d. h. du schreibst in der Ich-Form und berücksichtigst die Informationen, die der Textauszug gibt. Denke auch daran, die Gedanken und Gefühle der Person darzustellen.

TIPP zu 12 a) – c)

1. Wenn du als letzte Aufgabe einen Text aus der Sicht einer der Figuren schreiben sollst, achte darauf, dass du dich in die Figur hineinfühlst.
2. Schreibe in der Ich-Form und orientiere dich an den Informationen des Textes sowie an den Gedanken und Gefühlen, die dort deutlich werden. Du kannst auch Gefühle und Gedanken ergänzen, die nicht im Text genannt werden. Sie sollten aber zum Text passen.
3. Nutze die Fragen aus der Aufgabenstellung zur Gliederung deines Textes. Beantworte sie nacheinander.
4. Gestalte deine Schreibweise so, dass sie zu der Figur passt (*z.B. Mann/Frau: Beziehung leidet unter dem Alltagstrott; beide können nichts dagegen tun*).

Fünfter Schritt: Text schreiben

TIPP zum fünften Schritt

1. Formuliere deinen Text. Lasse einen **breiten Rand** an der Seite und unten, damit du Platz für die Überarbeitung und Ergänzungen hast. Schreibe beim Ausformulieren so, als würde dein Leser das Gedicht nicht kennen. So erreichst du, dass du genau und detailliert arbeitest.
2. Schreibe im **Präsens**. Um die Vorzeitigkeit auszudrücken, nutzt du das **Perfekt**.
3. Bringe die Ergebnisse aus deinem **Schreibplan** in einen **schlüssigen und zusammenhängenden Gedankengang**. Dazu fasst du **ähnliche Beobachtungen** zusammen und beschreibst ihre **Wirkung**, damit dein Leser versteht, warum der Autor bestimmte inhaltliche, sprachliche und formale Merkmale ausgewählt hat. **Vermeide Wiederholungen.**
4. Verwende **Zitate** – wie in den Teilaufgaben gefordert –, wenn du etwas Typisches oder Bemerkenswertes herausstellen willst oder **um eigene Aussagen zu belegen**. Kennzeichne Zitate durch Anführungszeichen und Zeilenangaben in Klammern: *„Wie andern Leuten ein Stock oder Hut." (V. 4)*.
5. Verwende die richtigen **Fachbegriffe**, denn mit ihnen kannst du präzise formulieren.
6. Verwende passende **Satzverknüpfungswörter**. So wirkt dein Text zusammenhängend.

13. Fasse deine Analyseergebnisse zum Gedicht „Sachliche Romanze" von Erich Kästner in einem geschlossenen Text auf einem Extrablatt zusammen. Orientiere dich am TIPP und nutze deine Vorarbeit aus dem Schreibplan sowie die folgenden Textanfänge zu den Teilaufgaben.

Teilaufgabe 1 a: In dem Gedicht „Sachliche Romanze" von Erich Kästner, das dieser im Jahre 1928 verfasst hat, geht es um eine Beziehung zwischen zwei Partnern, die einigen Jahren der Gewohnheit zum Opfer fällt und daher lieblos erscheint ...

Teilaufgabe 1 b: Ein Paar stellt nach acht Jahren Beziehung fest, dass die Liebe plötzlich nicht mehr da ist. Obwohl sie versuchen, die Beziehung aufrecht zu erhalten, sind sie traurig, denn ihre Bemühungen haben keinen Erfolg ...

Teilaufgabe ①c: Die Beziehung der beiden ist dem Alltagstrott und der Gewohnheit verfallen (V. 2), denn Frau und Mann stellen fest, dass ihre Liebe „abhanden" (V. 3) gekommen ist. Das belastet die beiden Partner, doch sie wollen diese Tatsache nicht wahrhaben (V. 5), denn ...
Teilaufgabe ①d: Die Partner müssen feststellen, dass die Liebe ein Gefühl ist, das vergehen kann (V. 3). Dieser Vorgang wird durch einen Vergleich (V. 4) als gewöhnlich dargestellt. Er wirkt ein wenig alltäglich, da die Liebe hier mit einem „Hut" oder „Stock" verglichen wird. Unterstützt wird dieser Eindruck durch die verwendeten Kreuzreime sowie durch den gleichmäßig klingenden Rhythmus, der zum Teil fast ironisch klingt. Die Beschreibung „[sie] versuchten Küsse" (V. 6) zeigt, dass Frau und Mann sich durchaus bemühen, die Beziehung aufrecht zu erhalten, doch der folgende Vergleich („[...] als ob nichts sei", V. 6) zeigt, dass sie sich nicht mit den wahren Gründen auseinandersetzen ...
Teilaufgabe ①e: Der Titel „Sachliche Romanze" ist ein Oxymoron, d. h. eine Verbindung von sich eigentlich ausschließenden Begriffen. Damit verdeutlicht Kästner die verlorene Liebe, denn die Beziehung ist keinesfalls als romantisch oder gar liebevoll zu bezeichnen, sondern ...
Teilaufgabe ①f: (Text aus Sicht der Frau) Was ist nur mit uns passiert? Wir kennen uns jetzt acht Jahre und alles ist so gleichgültig geworden. Doch keiner will sich dies eingestehen. Manchmal bin ich so traurig, dass ich nicht weiterweiß. Aber er tröstet mich nicht ...

Sechster Schritt: Text überarbeiten

14. Überarbeite deinen Text. Verwende dazu die CHECKLISTE.

CHECKLISTE zur Überarbeitung von Texten (Aufgabentyp 4a)

1. Den Text inhaltlich überprüfen (Inhaltsleistung)
- ✓ Hast du in deinem Text alle Unterpunkte der Schreibaufgabe und die Ergebnisse aus deinem Schreibplan berücksichtigt?
- ✓ Sind deine Ergebnisse für den Leser nachvollziehbar formuliert, d. h. hast du erklärt, wie du etwas verstanden hast, und dieses durch Textbelege veranschaulicht?
- ✓ Ist klar, welche Bedeutung Form und Sprache des Textes für die Aussageabsicht haben?
- ✓ Hast du deine Ergebnisse miteinander verknüpft und Zusammenhänge hergestellt?
- ✓ Ist der Text aus der Sicht einer Figur in der Ich-Form verfasst und passt er zu den Informationen aus dem Text?

2. Den Text sprachlich überprüfen (Darstellungsleistung)
- ✓ Hast du den Text sinnvoll gegliedert? Ist er durch Absätze überschaubar gestaltet?
- ✓ Hast du unnötige Wiederholungen und unklare Formulierungen vermieden?
- ✓ Sind deine Sätze vollständig?
- ✓ Kannst du komplizierte Sätze vereinfachen?
- ✓ Hast du Zusammenhänge durch sinnvolle Satzverknüpfungen verdeutlicht?
- ✓ Überprüfe auch Rechtschreibung, Zeichensetzung und Grammatik, denn sie fließen in die Bewertung ein.
- ➡ Kontrolliere deinen Text mehrfach. Berücksichtige deine persönlichen Fehlerschwerpunkte.

B 8 Schreibaufgabe zu Sachtext und Schaubild in sechs Schritten bearbeiten

Auf den folgenden Seiten werden die wichtigsten Arbeitsschritte für das Lesen und Erschließen eines Sachtextes und eines Schaubildes und die Schritte für die Bearbeitung der Prüfungsaufgaben dargestellt. Auf den Seiten 50/51 findest du den Sachtext und das Schaubild, mit dem du diese Schritte üben kannst. Auch in den angeleiteten Prüfungsaufgaben zum Thema „Medien und mehr" (Teil E) wird auf diese grundlegenden Seiten verwiesen.

Erster Schritt: Sich orientieren

1. Lies die Aufgabenstellung in der Prüfungsvorlage (Seite 50) „mit dem Stift". Markiere die Operatoren und die Schlüsselwörter.

2. Gib mit eigenen Worten wieder, was du tun sollst. Beachte die Reihenfolge der einzelnen Schritte.

____

____

____

____

TIPP zum ersten Schritt

Verschaffe dir einen ersten Überblick:
1. Was verlangen die Aufgaben von dir?
   Lies die einzelnen Teilaufgaben und unterstreiche alle wichtigen Hinweise auf das, was du tun sollst. So erhältst du oft schon Anhaltspunkte, worauf du beim Lesen und Erschließen der Materialien achten musst.
2. Worum geht es in dem Text?
   Was verraten dir die Überschriften?

3. Notiere stichwortartig, um was es in den einzelnen Materialien gehen könnte.

   Material 1: Computerspielen als Chance? ...

   Material 2: Wie häufig spielen Jugendliche digitale Spiele? ...

Zweiter Schritt: Materialien erschließen und Inhalte erfassen

4. a) Erschließe die Materialien wie im TIPP zum zweiten Schritt dargestellt. Setze dazu die Bearbeitung fort.
   b) Kennzeichne Besonderheiten, die dir auffallen, durch Unterstreichungen und Randbemerkungen.

5. Notiere die wichtigsten Aussagen aus dem Text M1.

   Spiele sind gut für das Lernen ...

   ____

   ____

6. Notiere die wichtigsten Aussagen aus dem Schaubild.

   Rund 70 Prozent aller Jugendlichen ...

   ____

   ____

TIPP zum zweiten Schritt

1. Markiere alle Textstellen, die dir unklar sind, und kläre sie mithilfe des Wörterbuchs oder aus dem Textzusammenhang. Beachte auch die Worterklärungen unter dem Text, falls vorhanden.
2. Unterstreiche Schlüsselstellen. Das sind Antworten auf die W-Fragen und Textstellen, die du zur Bearbeitung der Teilaufgaben heranziehen willst.
3. Notiere zu jedem Textabschnitt Stichpunkte zum Inhalt.
4. Werte das Schaubild aus, wie es in B 4 auf den Seiten 23 und 24 erklärt wird.

Medien und mehr

Teil II

1 **Untersuche und vergleiche** die Materialien M1 und M2 in einem zusammenhängenden Text. Gehe dabei so vor:

a) **Stelle** die beiden Materialien kurz **vor** und **benenne** das gemeinsame Thema von M1 und M2.

b) **Fasse** die Informationen aus M1 in eigenen Worten **zusammen**.

c) **Selle dar**, wie häufig weibliche und männliche Jugendliche verschiedenen Alters in Deutschland digitale Spiele spielen (M2).

d) **Setze** M1 und M2 **in Beziehung**, indem du anhand von jeweils zwei Beispielen **erläuterst**, welche positiven Auswirkungen Computerspiele auf Jugendliche haben können, aber auch, welche Probleme sich dadurch ergeben können. Berücksichtige dazu die Nutzungsfrequenz von digitalen Spielen.

2 Ein Medienforscher sagt: *„Ich bin für ein Verbot des Verkaufs von Computerspielen mit aggressivem Inhalt an Jugendliche unter 18 Jahren, damit diese nicht süchtig bzw. sozial auffällig werden."*
Nimm Stellung zu der Aussage und **begründe** deine Meinung. Beziehe dich auch auf die Materialien.

M1 Computerspielen als Chance?

Wenn Schülerinnen und Schüler gefragt werden, warum sie Computerspiele spielen, bekommt man häufig als Antwort: „Warum nicht?"

Der Wert des Spielens im Allgemeinen wird von niemandem in Zweifel gezogen, ganz im Gegenteil: Spiele regen an, ermöglichen Lernen und fördern vielerlei Fähigkeiten. Auch Computerspiele sind Spiele! Sie machen Spaß und sie machen glücklich, wenn man gewinnt. Sie sind ganz unterschiedlich aufgebaut, sie fordern verschiedenste Fähigkeiten und Kompetenzen. Eine der wichtigsten Fähigkeiten bei Computerspielen ist das Lernen selbst. Ein Computerspiel fordert die Spielenden heraus, die Regeln, die Geschichte, den Inhalt, die Strategien und Handlungsmöglichkeiten zu meistern. Die Spieler müssen ständig ihr Können den Anforderungen anpassen. Sie entwickeln regelmäßig neue Strategien, erproben diese, setzen sie um oder verwerfen sie.

!

Vorgehensweisen

Computerspiele sind also auch Lernspiele und somit auch Lernhilfen. Man kann nicht erfolgreich spielen, wenn man nicht mit Informationen umgehen kann. Die Spielenden müssen die Möglichkeit haben, eine auf gegebenen Informationen beruhende Entscheidung zu treffen. Dies bedeutet, dass die Spielenden die vorliegenden Informationen überblicken, die für sie wichtigen Aspekte erkennen und diese im Verlauf des Spiels immer wieder neu bewerten müssen.

Computerspiele sind untersucht worden und dabei sind fünf Dimensionen festgestellt worden, in denen sie Kompetenzen fördern: Förderung von Sensomotorik, Förderung kognitiver Kompetenz, Förderung von Medienkompetenz, Förderung sozialer Kompetenz und Förderung persönlichkeitsbezogener Kompetenz. Konkret gesagt stehen hinter diesen fünf Einzelkompetenzen eine Vielzahl an Fähigkeiten, wie die Auge-Hand-Koordination, Geschicklichkeit, logisches Denken, Wissen, Konzentrations- und Planungsfähigkeit, Umgang mit Computersoftware, Team- und Kommunikationsfähigkeit, Umgang mit Erfolg und Misserfolg usw. Blickt man auf diese konkreten Fähigkeiten und Fertigkeiten, wird deutlich, dass man darin die Anforderungen im Berufsleben des 21. Jahrhunderts wiederfinden kann. Aber es lassen sich auch bestimmte

Fähigkeiten

Risiken nicht verschweigen. Wenn ein 16-Jähriger mehrere Stunden am Tag vor seinem Gerät sitzt und unentwegt spielt, dann hat das lästige Nebenwirkungen, z.B. Rückenbeschwerden vom stundenlangen Sitzen, Augenschmerzen vom unentwegten Anstarren des Bildschirms oder Verspannungen und Krämpfe durch fehlende Bewegung. Als computerspielsüchtig oder gefährdet gelten in Deutschland derzeit ungefähr drei Prozent der Jungen und 0,4 Prozent der Mädchen. Sie spielen täglich mehr als fünf Stunden, d.h. pro Woche mehr als 35 Stunden.

Ob sich Computerspiele mit gewalttätigen Inhalten negativ auf die Spielenden auswirken, ist nach wie vor Streitpunkt unter den Forschern. Zwar sind sich mittlerweile die meisten darüber einig, dass solche Spiele allein keine Gewalttaten hervorrufen. Aber häufig führen sie bei den Spielern zu einem Abstumpfen gegenüber Gewalt sowie einem verringerten Mitleidsgefühl und können somit auch eine deutlich aggressionsfördernde Wirkung haben. Auch Amokläufe von Jugendlichen haben gezeigt, dass solche Spiele durchaus Einfluss auf die Spieler haben, denn viele dieser Täter haben nachweislich harte Ballerspiele gespielt.

Harald Stöveken (2016), zusammengestellt unter Verwendung von Informationen von https://www.eltern-bildung.at/ und aus Beiträgen aus dem Heft Erziehung und Wissenschaft 12/2013

M2 Digitale Spiele: Nutzungsfrequenz 2015

Computer-, Konsolen-, Online-, Tablet- und Handyspiele

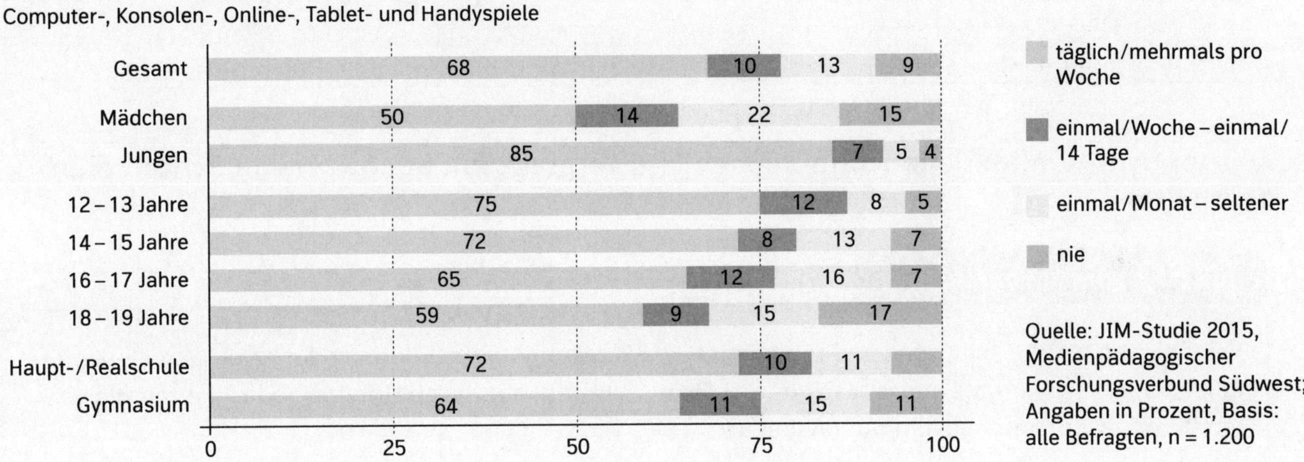

Quelle: JIM-Studie 2015, Medienpädagogischer Forschungsverbund Südwest; Angaben in Prozent, Basis: alle Befragten, n = 1.200

Dritter Schritt: Schreibplan anlegen

TIPP zum dritten Schritt

1. Die Schreibaufgabe besteht darin, in einem zusammenhängenden Text alle Teilaufgaben zu bearbeiten. Nutze die Aufgabenstellung und deren Unterpunkte für deine Gliederung.
2. Lege in einem Schreibplan (Tabelle) die Gliederung deines Textes (linke Spalte) fest:
   a) In der Einleitung stellst du beide Materialien vor, machst Angaben zu Titel, Autor, Textart, Thema und Erscheinungsjahr (Teilaufgabe 1 a). Du formulierst also zweimal den sogenannten TATTE-Satz.
   b) Im Hauptteil geht es um die Aufgaben 1 b bis 1 d. Stelle die wichtigsten Aussagen der Materialien dar und vergleiche sie wie gefordert. Beachte genau die Operatoren.
   c) Im Schluss nimmst du zu einer vorgegebenen Thematik Stellung. Achte auf die genaue Formulierung der Aufgabe 2.

7. a) Übertrage den Schreibplan unten auf eine DIN-A4-Seite. Lasse in den einzelnen Zeilen ausreichend Platz. Du kannst auch den vorbereiteten Schreibplan von Seite 116 kopieren (E 5).
   b) Vervollständige stichwortartig die linke Spalte. Orientiere dich dazu an den Teilaufgaben von Seite 50 (Operatoren und Schlüsselwörter). So behältst du die Aufgaben im Blick und vermeidest Wiederholungen.

Teilaufgaben	**M1**	**M2**
1 a) Einleitung: TATTE-Satz, gem. Thema	Titel: Computerspielen als Chance? Autor: ...	Titel: Digitale Spiele: ... Autor:
1 b) Informationen aus M1 zusammenfassen	– Spiele fördern verschiedene Fähigkeiten – auch ...	
1 c) Darstellen ...		
1 d) ...		
2 ...		

Vierter Schritt: Materialien untersuchen und vergleichen, Stichworte im Schreibplan festhalten

INFO zum vierten Schritt

Vergleichen heißt, Textaussagen, Problemstellungen und Sachverhalte aus verschiedenen Texten (Materialien) unter bestimmten Aspekten gegenüberzustellen mit dem Ziel, Gemeinsamkeiten, aber auch Unterschiede zu ermitteln.

8. Ergänze nun deinen Schreibplan stichwortartig. Beginne mit der ersten Zeile zur Einleitung (Teilaufgabe 1 a).
   a) Stelle M1 und M2 kurz vor. Notiere Titel, Autor, Erscheinungsjahr und Textart.

– Material 1 trägt den Titel „Computerspielen als Chance?“ und ist ein Text von Harald Stöveken, der auf Informationen aus unterschiedlichen Internetartikeln und Zeitschriften basiert ...
– Material 2 ist ein Balkendiagramm und zeigt ...

   b) Formuliere das gemeinsame Thema.

In beiden Materialien geht es aus unterschiedlichen Perspektiven um das Thema Computerspiele ...

TIPP zu 8.

Stelle die Materialien vor. Nenne Autor, Titel und Erscheinungsjahr. Ermittle die Textart genauer, wenn möglich. Notiere das Thema der Materialien in wenigen Sätzen.

9. Notiere in der zweiten Zeile des Schreibplans Stichworte zur Zusammenfassung des Inhalts von M1 (Teilaufgabe 1 b). Nutze deine Aufzeichnungen aus dem zweiten Schritt (Aufgabe 4, S. 49).

– Spiele sind gut für das Lernen, sie fördern verschiedenen Fähigkeiten und Kompetenzen
– auch Computerspiele sind Spiele und damit auch gleichzeitig Lernspiel und Lernhilfe
– ...

10. Erarbeite nun das Diagramm M2. Stelle dann dar, wie häufig Jugendliche verschiedenen Alters in Deutschland digitale Spiele spielen. Notiere deine Ergebnisse in der dritten Zeile deines Schreibplans (Teilaufgabe 1 c).

– Thema: Nutzungsfrequenz digitaler Spiele in Deutschland in 2015
– digitale Spiele = Computer-, Konsolen-, Online-, Handy- oder Tabletspiele
– M2 zeigt, dass Jugendliche in Deutschland regelmäßig ...

TIPP zu 10.

1. Lies zuerst die Überschrift und den Begleittext (Erläuterungen/Angaben) zum Diagramm.
2. Stelle fest, ob es sich um Mengen- oder Prozentangaben handelt.
3. Untersuche nun Auffälligkeiten, z. B. auffällig hohe oder auffällig niedrige Werte.

11. Setze die Materialien M1 und M2 zueinander in Beziehung, indem du überlegst, was sie gemeinsam haben bzw. worin sie sich unterscheiden oder ergänzen (1 d). Markiere dazu in M1 Textstellen, die sich mit den positiven und negativen Auswirkungen von Computerspielen befassen. Notiere dann, in welchem Verhältnis die Aussagen des Diagramms M2 zu diesen Informationen stehen.
Ergänze deine Ergebnisse zu 1 d in der vierten Zeile des Schreibplans.

M1: Positive Auswirkungen: Computerspiele fördern verschiedenste Fähigkeiten und Kompetenzen ...
Negative Auswirkungen: Suchtgefahr ...
M2: nennt keine Vor- und Nachteile, sondern informiert allgemein, Aussagen unterstreichen die Aussagen aus M1 (Suchtgefahr!)

12. Lies die nun die Aufgabe 2. Mache dir klar, wozu du genau Stellung nehmen sollst. Erläutere die Aussage im Schreibplan kurz in eigenen Worten.

Ein Medienforscher hat gesagt, dass er dafür ist, dass Jugendliche unter 18 Jahren Computerspiele mit aggressivem Inhalt nicht kaufen dürfen, damit sie ...

13. Welchen Standpunkt vertrittst du?
- ○ Ja, ich bin auch dieser Meinung.
- ☒ Nein, ich bin nicht dieser Meinung.

14. Sammle in Stichworten Gedanken und notiere sie geordnet in deinem Schreibplan. Schreibe auch die Textstellen auf, die du als Belege in deiner Argumentation berücksichtigen willst.

Meiner Meinung nach kann man zwar fordern, dass Spiele mit gewalttätigen Inhalten nicht an Jugendliche unter 18 Jahren verkauft werden dürfen, aber in der Wirklichkeit lässt sich das nicht so leicht durchsetzen ...

TIPP zu 12.–14.

1. In der Stellungnahme wird von dir erwartet, dass du dich mit einer Aussage bzw. einem Zitat aus dem Text befasst.
2. Stelle deinen Standpunkt klar und eindeutig dar. Du kannst der Aussage zustimmen, sie ablehnen oder auch einen Kompromiss finden.
3. Begründe deine Position durch nachvollziehbare Argumente und veranschauliche sie durch Beispiele. Beziehe dich dabei auf den Text und auf Erfahrungen aus deinem Umfeld.

Fünfter Schritt: Text schreiben

TIPP zum fünften Schritt

1. Schreibe deinen Text auf DIN-A4-Papier. Lasse einen **breiten Rand** an der Seite und unten, damit du für die Überarbeitung Platz hast.
2. Bringe die Ergebnisse aus deinem **Schreibplan** in einen **schlüssigen und zusammenhängenden Gedankengang**. Achte darauf, dass du Wiederholungen vermeidest.
3. Verwende **Zitate**, wenn du damit etwas Typisches oder Bemerkenswertes herausstellen willst oder **um eigene Aussagen zu belegen**. Kennzeichne Zitate durch Anführungszeichen und Zeilenangaben in Klammern: *„Als computerspielsüchtig oder gefährdet gelten in Deutschland derzeit ungefähr drei Prozent der Jungen und 0,4 Prozent der Mädchen.“* (M1, Zeile 72 – 76).
4. Verwende die richtigen **Fachbegriffe**, denn mit ihnen kannst du präzise formulieren.Damit dein Text zusammenhängend wirkt, verwende passende **Satzverknüpfungswörter**. Setze nach jeder Teilaufgabe einen **Absatz**.

15. Verfasse deine vergleichende Analyse auf einem Extrablatt. Orientiere dich dazu am TIPP. Nutze deine Vorarbeit aus dem Schreibplan sowie die folgenden Textanfänge zu den Teilaufgaben.

Teilaufgabe 1a: In beiden Materialien geht es .../Material 1 .../Das Material 2 trägt ...

Teilaufgabe 1b: Material 1 befasst sich mit dem Thema, ob Computerspielen als Chance ...

Teilaufgabe 1c: Material 2 zeigt, dasss Jugendliche in Deutschland heutzutage regelmäßig ...

Teilaufgabe 1d: Computerspiele können, wie alle Spiele, positive Auswirkungen auf die ... Material 1 beschreibt einige dieser positiven ... Material 2 ergänzt die Aussagen aus ...

Aufgabe 2: Die von einem Medienforscher gemachte Aussage kann ich .../Fest steht, ...

Sechster Schritt: Text überarbeiten

16. Überarbeite deinen Text. Verwende dazu die CHECKLISTE.

CHECKLISTE zur Überarbeitung von Texten (Aufgabentyp 4b)

1. Den Text inhaltlich überprüfen (Inhaltsleistung)
- ✓ Hast du in deinem Text alle Unterpunkte der Aufgabenstellung und die Ergebnisse aus deinem Schreibplan berücksichtigt?
- ✓ Sind deine Ergebnisse für den Leser nachvollziehbar formuliert?
- ✓ Wurden nachvollziehbare Schlussfolgerungen gezogen, die sich sinnvoll aus den Materialien ergeben?
- ✓ Hast du deine Aussagen am Text belegt?
- ✓ Hast du deine Ergebnisse verknüpft und Zusammenhänge hergestellt?
- ✓ Hast du in der Stellungnahme deine Position durch Begründungen gestützt und Bezug auf die Materialien genommen?

2. Den Text sprachlich überprüfen (Darstellungsleistung)
- ✓ Hast du den Text sinnvoll gegliedert? Ist er durch Absätze überschaubar gestaltet?
- ✓ Hast du unnötige Wiederholungen und unklare Formulierungen vermieden?
- ✓ Kannst du komplizierte Sätze vereinfachen?
- ✓ Hast du Zusammenhänge durch sinnvolle Satzverknüpfungen verdeutlicht?
- ✓ Überprüfe auch Rechtschreibung, Zeichensetzung und Grammatik, denn sie fließen in die Bewertung ein.
- → Kontrolliere deinen Text mehrfach. Berücksichtige deine persönlichen Fehlerschwerpunkte.

C Prüfungsaufgaben zum Themenbereich „Sprachkultur und Leselust“

In diesem Kapitel bearbeitest du zu dem Thema „Sprachkultur und Leselust“ mehrere Prüfungsbeispiele. Notiere die benötigte Arbeitszeit (siehe Seite 6).

C 1 Leseverstehen: Kampf um ein Kulturgut (angeleitetes Üben)

Teil I

Lies den Text sorgfältig durch und bearbeite die Aufgaben 1 – 15.

Kampf um ein Kulturgut[1] *Wilfried Beiersdorf*

Buchhandels-Ketten[2] mischen den Markt auf und erobern im Ruhrgebiet zunehmend auch kleinere Städte. Der Buchladen an der Ecke gerät unter Druck.

(1) Essen. Wenn jetzt auf der Frankfurter Buchmesse wieder für einige Tage das Kulturgut Buch gefeiert wird, verstellt das den Blick auf den Alltag: Denn das Buch ist auch ein Wirtschaftsgut, eine zunehmend härter umkämpfte Ware. Die Einkaufs- und Werbemacht der rasant wachsenden Buchhandelsketten lockt immer mehr Kunden an und setzt dadurch die herkömmlichen Buchhändler unter Druck. Mehr noch: Die Branchenführer[3], so meinen Fachleute, veränderten durch ihre Nachfrage auch das Buchangebot selbst großer Verlage und bedrohten die Existenz von Kleinverlagen. Die großen Spieler in der Branche sind momentan offenbar kaum zu bremsen: Fast täglich eröffnen sie neue Filialen oder übernehmen sie gleich im Dutzend. So wie in der vergangenen Woche, als bekannt wurde, dass die Karstadt-Warenhäuser ihre Buchabteilungen dem Marktführer DBH (bisher rund 470 Filialen) überlassen. (...) Damit setzt sich ein Trend fort, der den Umbruch im Buchhandel verstärken wird: Die Ketten, die sich zunächst auf die Metropolen[4] konzentriert hatten und inzwischen einen Marktanteil von 24 Prozent erreicht haben, erobern jetzt auch kleinere Städte.

(2) Aber selbst wenn sie noch nicht vor Ort sind, zeigen die Buchriesen Wirkung. Beispiel Langenberg: In diesem Velberter Ortsteil ist Peter Kape mit seiner seit 1962 bestehenden Buchhandlung Einzelkämpfer. Dennoch merkt er sehr deutlich, dass es in der weiteren Nachbarschaft Läden von Thalia[5] und Mayerscher[5] gibt: „Da lassen sich die Kunden von den Bücherstapeln blenden. Deren Masse suggeriert[6], dass diese Bücher billiger sind als anderswo. Stimmt aber nicht. Sie unterliegen der Buchpreisbindung genauso wie bei mir. Aber die Leute greifen eher zu – und wundern sich, wenn ich ihnen erzähle, dass ich auch ständig 10 000 Titel griffbereit habe.“ Probleme hat der Buchhändler auch mit anderen Verkaufsmethoden der Großen. „Sondereditionen[7] der Verlage, die sie zu Sonderpreisen speziell für diese Anbieter herstellen, gehören dazu. Oder das Verramschen von Büchern, die wegen kaum wahrnehmbarer Mängel aus der Preisbindung genommen werden.“ Kape versucht, gegenzusteuern: „Gespräche mit den Kunden werden immer wichtiger“.

(3) Dem kann auch Werner Boschmann vom Bottroper Kleinverlag für Ruhrgebietsliteratur Henselowsky-

Boschmann nur zustimmen. Bei den inhabergeführten Buchhandlungen kennt man ihn seit 25 Jahren, weil er jedes neue Buch persönlich vorstellt und auch einzelne Bücher nachliefert. Aber bei den Ketten? „Da wird zentral eingekauft, in großen Mengen. Kleine Verleger, die mal 20 oder 30 Bücher direkt vor Ort abliefern wollen, sind da nicht mehr vorgesehen. Darunter leidet die Vielfalt des Angebots, gerade auch bei der regionalen Literatur. Wenn ich nicht schon so lange am Ball wäre und viele persönliche Kontakte auch zu den Leuten in den Filialen der Buchketten hätte, könnte ich einpacken." Das machen aber schon jetzt immer mehr Buchhändler: 250 gaben im vergangenen Jahr auf. Und die übrigen 4200 kommen mit Büchern allein auch schon nicht mehr über die Runden: 10 bis 15 Prozent ihres Umsatzes machen sie bereits mit Kalendern, Hörbüchern und Spielzeug. Oder mit „Buchzubehör", wie Kaffeetassen oder Lesezeichen.

aus: WAZ, Wirtschaft und Finanzen, 09.10.2007; gekürzt

[1] das Kulturgut: ein Produkt, das als wichtig und erhaltenswert anerkannt ist
[2] die Buchhandels-Ketten: ein Buchhandelsunternehmen mit mehreren Filialen
[3] der Branchenführer: Marktführer
[4] die Metropole: Hauptstadt, Großstadt
[5] Thalia und Mayersche: Namen von großen Buchhandelsketten
[6] suggerieren: einreden
[7] die Sonderedition: Sonderausgabe

Lösungshilfen zu 1 – 15

1. Nicht gleich in die Aufgaben stürzen! Erschließe zuerst den Text wie in B 3 (S. 21) dargestellt.
   - Markiere wichtige Schlüsselstellen.
   - Formuliere am Rand Überschriften oder Stichwörter zu den Sinnabschnitten.

   Du findest zu den Aufgaben dann schnell die passenden Textstellen.

Aufgaben 1 – 15

1 Ergänze die fehlenden Wörter, die das Thema des Textes deutlich machen.

Der Text beschreibt ______________________

der großen Buchhandelsketten gegenüber den

____

Buchläden.

TIPP zu 1: Thema benennen

1. Informationen zum Thema findest du häufig im **Vortext**.
2. Achte darauf, dass die Wörter, die du ergänzt, zum **Inhalt des Satzes** und zum **Satzbau** passen.

2 Kreuze die richtige Antwort an.

In diesem Text geht es darum, dass …

a) kleine Buchhandlungen vom Markt verdrängt werden. ○

b) das Kulturgut Buch vom Markt verschwindet. ○

c) über die Frankfurter Buchmesse berichtet wird. ○

d) für das Buch als Kulturgut geworben wird. ○

TIPP zu ❷ / ❻ / ❼ / ❿ / ⓫ / ⓭: **Richtige Aussagen ankreuzen**

Suche zu jeder Aussage die passende Stelle im Text und unterstreiche sie. Überprüfe genau, ob die Textstelle mit der Aussage unten übereinstimmt bzw. worin sie sich unterscheiden. Achte auf Wortwahl, Fragestellung, Schlüsselwörter.

Achtung! Lies genau, wie viele Antworten du ankreuzen sollst! Manchmal heißt es **„Kreuze die richtigen Antworten an"** (siehe Aufgabe ❼, ⓫ und ⓭). In diesem Fall sind mehrere Antworten richtig.

❸ Drei der folgenden Überschriften passen zu den drei Abschnitten des Textes. **Eine Überschrift passt nicht zum Text.** Ordne die Überschriften den entsprechenden Abschnitten (1) bis (3) zu. Schreibe bei der nicht passenden Überschrift eine „0" in die rechte Spalte.

TIPP zu: ❸ **Überschriften zuordnen**

1. Formuliere zu jedem Abschnitt eine eigene Überschrift.
2. Vergleiche deine Überschrift mit den vorgegebenen.
3. Entscheide, welche Überschriften übereinstimmen.

	Überschrift	**passt zu Abschnitt**
a)	Ein Buchhändler wird zum Einzelkämpfer	
b)	Gerangel um Bestseller	
c)	Buchhandelsketten machen kleinen Buchhandlungen das Leben schwer	
d)	Kleinverleger haben es schwer	

❹ Formuliere die folgenden Textaussagen (Abschnitt 2 und 3) mit eigenen Worten. Ersetze das markierte Wort durch ein entsprechend anderes oder formuliere einen erklärenden Satz.

a) „Oder das **Verramschen** von Büchern, ..." (Z. 65 – 66).

b) „Darunter leidet die Vielfalt des Angebots, gerade auch bei der **regionalen Literatur**"(Z.85 – 87).

c) „Wenn ich nicht schon so lange **am Ball wäre**, (....) könnte ich **einpacken**" (Z. 87 – 91).

❺ In Abschnitt 1 (Zeile 32 – 35) heißt es *„Damit setzt sich ein Trend fort, der den Umbruch im Buchhandel verstärken wird".*
Erläutere, was mit diesem **Trend** gemeint ist.

TIPP zu ❺ / ❽ / ❾ / ⓮

Aussagen/Begriffe erläutern

1. Markiere die angegebene Textstelle.
2. Lies die Textaussagen, die vor der angegebenen Textstelle stehen, und unterstreiche die zu der Textaussage passenden Schlüsselwörter.
3. Formuliere die Antwort mit eigenen Worten: *Unter „Trend" wird hier verstanden, dass ...*

6 In Abschnitt 1 wird über das Kulturgut Buch folgende Aussage getroffen (Z. 6 – 12):
„Wenn jetzt auf der Frankfurter Buchmesse wieder für einige Tage das Kulturgut Buch gefeiert wird, verstellt das den Blick auf den Alltag: Denn das Buch ist auch ein Wirtschaftsgut, eine zunehmend umkämpfte Ware."

In welchem Verhältnis steht der durch „wenn" eingeleitete Nebensatz (Gliedsatz) zur danach folgenden Aussage?
Kreuze die richtige Antwort an.

Der Nebensatz (Gliedsatz) ...

a) gibt eine Begründung für die folgende Aussage. ○

b) gibt die Bedingung für die folgende Aussage an. ○

c) gibt die Folge der Hauptaussage an. ○

d) gibt die Wirkung der Hauptaussage an. ○

7 Welche der folgenden Aussagen passt zu dem, was im Text steht?
Kreuze die richtigen Antworten an.

Immer mehr Buchhändler ...

a) schließen sich den großen Buchhandelsketten an. ○

b) bieten neben Büchern auch andere Waren an. ○

c) schließen ihre Läden. ○

d) bieten ihren Kunden Kaffee an. ○

8 Die Formulierung *„Da lassen sich die Kunden von den Bücherstapeln blenden."* (Z. 50 – 51) ist eine Metapher. Sie soll verdeutlichen, dass ...

a) die Bücher hell beleuchtet sind. ○

b) die Kunden sich von dem Angebot stark beeindrucken lassen. ○

c) das Bücherangebot riesengroß ist. ○

d) die Bücher gut geordnet sind. ○

9 Erläutere die Bedeutung des Begriffes „erobern" (Z. 39) im Textzusammenhang.

____

____

10 Kreuze die richtige Antwort an.

Immer mehr Buchhändler geben ihre Läden auf. Laut Textabschnitt 3 waren dies zu dem Zeitpunkt ...

a) 10 bis 15 Prozent der Buchhändler. ○

b) 4 200 Buchhändler. ○

c) die Hälfte aller Buchhändler. ○

d) 250 Buchhändler. ○

⑪ Kreuze die richtigen Antworten an.

Zu den Verkaufsmethoden der Buchhandelsketten gehören (Abschnitt 2), dass ...

a) sie nicht an feste Buchpreise gebunden sind. ○

b) sie mindestens 10000 Buchtitel vorrätig haben. ○

c) sie ihre Läden erst um 21.00 Uhr schließen. ○

d) sie Sonderausgaben der Verlage anbieten können. ○

e) sie Bücher mit kaum merkbaren Mängeln billiger anbieten. ○

⑫ Der Verleger Werner Boschmann ist auch der Meinung, dass Kundengespräche immer wichtiger werden (Abschnitt 3).
Nenne ein Beispiel, wie er den Kontakt zu den privat geführten Buchhandlungen hält.

____

____

TIPP zu ⑫: Beispiele/Gründe nennen

1. Lies den angegebenen Abschnitt genau und markiere die Beispiele/Gründe, die darin genannt werden.
2. Achte darauf, die Anzahl der Beispiele/Gründe zu nennen, die gefordert werden (z. B. *ein* Beispiel/Grund).

⑬ Kreuze die richtigen Antworten an.

Das Angebot an Büchern leidet, weil ...

a) die Buchhandelsketten Buchtitel massenweise einkaufen. ○

b) die Buchhandelsketten nur Buchtitel mit hohen Auflagen einkaufen. ○

c) die Buchhandelsketten nur Buchtitel aus dem Ausland einkaufen. ○

d) die Buchhandelsketten die Konkurrenz der inhabergeführten Buchläden fürchten. ○

⑭ Erläutere die Bedeutung des Begriffs „Buchzubehör“ (Z. 100) im Textzusammenhang.

____

____

____

TIPP zu ⑮

Zu einer Aussage Stellung nehmen

1. Entscheide dich für eine der beiden Möglichkeiten: *Ich stimme zu/nicht zu.*
2. Überfliege den Text noch einmal und markiere Textaussagen, die deine Auffassung unterstützen.
3. Greife zu Beginn die Aussage, zu der du dich äußern willst, noch einmal auf.
4. Beziehe dich bei deiner Begründung auch auf die markierten Textaussagen (*Auch wenn die Buchhandelsketten immer beliebter werden, wird es weiterhin inhabergeführte Buchhandlungen geben, wenn ...*).

⑮ Ein Schüler sagt nach dem Lesen des Textes: *„Ich kaufe meine Bücher in Zukunft ausschließlich bei dem Buchhändler in meinem Ort und nicht bei einer großen Buchhandelskette.“*
Du kannst dieser Meinung zustimmen oder nicht. Wichtig ist, dass du deine Meinung begründest und dich auf mehrere Textaussagen beziehst.

____

____

____

C 2 Leseverstehen: Die Leiden des jungen Autors (selbstständiges Üben)

Teil I

Lies den Text sorgfältig durch und bearbeite die Aufgaben 1 – 12.

Die Leiden des jungen Autors

Alexander Jahns

(1) Ans Fenster prasseln die Regentropfen, drinnen im einsamen Kämmerlein sitzt bei Kerzenschein, völlig abgeschieden von der Außenwelt und tief in Gedanken versunken, der Schöpfer und bringt die abenteuerlichsten Geschichten zu Papier. Was für viele wie pure Langeweile klingt, übt auf andere junge Menschen eine große Faszination aus. Und auch wenn die Gedanken heutzutage eher auf dem Computer verfasst werden und man auch ohne die romantischen Vorstellungen von Regen und Kerzenschein kreativ sein kann, träumen junge Autoren davon, Bücher zu schreiben und damit Geld zu verdienen. Jedoch herrscht in der Buchbranche eine große Konkurrenz – die Verlage werden mit Manuskripten[1] überhäuft. Wie sehen die Chancen aus, die eigenen Gedanken tatsächlich irgendwann in gebundener Form in einer Buchhandlung zu sehen? Und wie steht es mit der Aussicht auf Reichtum und Ruhm?

(2) Zwischen einem Jugendlichen, der gut schreiben kann, und einer echten Nachwuchshoffnung gibt es gewaltige Unterschiede. Grundsätzlich gilt aber: Das Interesse an junger deutscher Literatur ist groß. Spätestens seit der damals 17-jährige Benjamin Lebert mit seinem Debutroman[2] „Crazy“ im Jahr 1999 einen Weltbestseller landete, denken auch die Verlage jünger. Zwar hätte sich nach dem Boom[3] der jungen deutschen Literatur in der zweiten Hälfte der Neunzigerjahre die Lage seit der Jahrtausendwende wieder etwas normalisiert, so Meike Herrmann, Lektorin[4] vom Rowohlt Berlin-Verlag. Aber trotzdem stünden die Chancen für junge Schreiber nicht schlecht. „Wer mit selbstverfassten Kurzgeschichten seinen Freundeskreis begeistern kann, ist wahrscheinlich talentiert und kann durchaus versuchen auch die Verlage zu überzeugen“, sagt Birgit Schmitz, Lektorin beim Kiepenheuer & Witsch Verlag.

(3) Am Anfang steht das Manuskript. Wer sein Werk unaufgefordert bei einem Verlag einreicht, muss zunächst die Prüfung durch einen Lektor bestehen. Er liest sich das Manuskript durch und beurteilt, ob es Potenzial[5] hat. Bei dieser Entscheidung spielt auch das Programm des jeweiligen Verlagshauses eine Rolle. Wenn die Art und Weise des Themas und des Schreibstils nicht zu den Serien und Projekten des Unternehmens passen, stehen die Chancen für eine Veröffentlichung eher schlecht. „Bevor man ein Manuskript einreicht, sollte man sich informieren, ob es zu dem entsprechenden Verlag passt“, so Birgit Schmitz. Hat das Manuskript diese erste Hürde durch den Lektor genommen, wird es von den Mitarbeitern des Verlags diskutiert. Nun wird die Entscheidung für oder gegen Veröffentlichung des Werkes getroffen. Stimmt die Runde zu, setzt sich der Verlag mit dem Autor in Verbindung und unterbreitet ihm ein Angebot.

(4) Doch bevor es an das Geldverdienen geht, braucht das Manuskript Feinschliff. Kaum ein Entwurf für ein Buch schafft es unverändert in den Druck. Die Lektoren betreuen die Autoren bei der Überarbeitung des Manuskripts und helfen ihnen bei der Verwirklichung ihrer Ideen. Dies ist besonders bei jungen Schriftstellern entscheidend. „Üblicherweise bekommt der Autor einen Vorschuss für die Überarbeitung des Werks", verrät Meike Herrmann. „Wenn das Buch in den Verkauf geht, steht ihm ein Prozentsatz des Ladenpreises zu. Zuerst wird jedoch der Vorschuss verrechnet." Herrmann weiß, dass bei vielen Jungautoren falsche Vorstellungen über Verdienstmöglichkeiten herrschen. Diese bewegten sich nämlich meist fernab jeder Bestsellerillusionen[6]: „Kaum ein Autor kann von den Einkünften seiner Bücher leben – fast alle sind zusätzlich als Journalisten, Lehrer, Ärzte oder in anderen Berufen tätig."

(5) Keine Frage – wer sich für den Beruf eines Autors entscheidet, hat sich zu einem schweren Weg entschlossen. Schreibarbeit ist oft mit psychischem Stress verbunden, die Angst vorm weißen Blatt wohl jedem Autor bekannt. Und all die Mühen müssen die meisten auf sich nehmen, ohne zu wissen, ob das Ergebnis jemals jemand lesen wird. Falls es aber zu einer Veröffentlichung kommt, und die Leser sich an den Fantasien des Autors erfreuen und sich inspirieren[7] lassen, hat sich der Aufwand gelohnt.

aus: http://www.berliner-zeitung.de/archiv/viele-jugendliche-wuerden-gern-als-schriftsteller-arbeiten--wie-sehen-ihre-chancen-aus--die-leiden-des-jungen-autors,10810590,10414826.html#plx66480924 (Zugriff: 24.11.2015, 10.30 Uhr)

1 das Manuskript: der Textentwurf
2 der Debutroman: der erste Roman eines Schriftstellers
3 der Boom: plötzliche starke Nachfrage nach einem Produkt
4 die Lektorin: eine Verlagsmitarbeiterin
5 Potenzial haben: hier: geeignet ist
6 der Bestseller: ein Buch, das sich überdurchschnittlich gut verkauft
7 sich inspirieren lassen: sich anregen lassen

Aufgaben 1 – 12

1 Ergänze die fehlenden Wörter, die das Thema des Textes deutlich machen.

Der Text beschreibt den ______________________________

Weg zum Schriftsteller.

2 Kreuze die richtige Antwort an.

Der Anreiz junger Schriftsteller Bücher zu verfassen, liegt laut Abschnitt 1 darin, dass ...

a) viele Schriftsteller im Alltag stark gelangweilt sind. ○

b) sie es lieben, in romantischer Atmosphäre zu schreiben. ○

c) sie durchs Schreiben kreativ sein können und ein gutes Einkommen beziehen. ○

d) sie sich mit anderen Autoren zu messen wollen. ○

3 Kreuze die richtige Antwort an.

Junge Autoren könnten laut Abschnitt 2 Erfolg bei einem Verlag haben, wenn ...

a) sie sich an einem Bestseller orientieren. ○

b) ihre Geschichten bereits von Menschen in ihrem Umfeld gerne gelesen wurden. ○

c) sie mindestens 17 Jahre alt sind. ○

d) sie großes Interesse an deutscher Literatur haben. ○

4 Kreuze die richtige Antwort an.

Der Satz *„Zwischen einem Jugendlichen, der gut schreiben kann, und einer echten Nachwuchshoffnung gibt es gewaltige Unterschiede.“* (Z. 28 – 31) soll verdeutlichen, dass ...

a) nicht jeder, der gern gelesene Texte schreibt, auch ein sehr erfolgreicher, qualitativ hochwertiger Autor wird. ○

b) ein Autorentalent schon früh gefördert werden muss. ○

c) eine Nachwuchshoffnung möglichst jung sein sollte. ○

d) es sich nicht lohnt, nur gerne zu schreiben. ○

5 Ordne den Ablauf bis zur Buchveröffentlichung der richtigen Reihenfolge nach (Abschnitt 3).

		Ablauf (1, 2, 3, 4, 5, 6, 7)
a)	Lesen durch den Lektor	
b)	erkundigen, ob das Manuskript zum Verlagsprogramm passt	
c)	Besprechung mit Verlagsmitarbeitern	
d)	Unterbreitung eines Angebots an den Autor	
e)	Manuskript einreichen	
f)	Beurteilung durch den Lektor	
g)	Zustimmung des Verlags zur Veröffentlichung	

6 Das Manuskript muss immer auch zu dem Verlagsprogramm passen, heißt es in Abschnitt 3.

Nenne zwei Aspekte, die dabei ausschlaggebend für die Annahme eines Manuskripts sind.

1. ______________________________

2. ______________________________

7 In Zeile 83 – 85 heißt es *„Doch bevor es an das Geldverdienen geht, braucht das Manuskript Feinschliff.“* Erläutere, was mit „Feinschliff“ gemeint ist.

____

____

____

8 Kreuze die richtige Antwort an.

Mit „Bestsellerillusionen“ (Z. 104 – 105) ist im Textzusammenhang gemeint, dass ...

a) die meisten Autoren denken, sie würden mit dem Verkauf eines Buches viel Geld verdienen. ○

b) die Bedeutung eines Bestsellers eher gering ist. ○

c) viele Autoren denken, ihr Manuskript würde ein Bestseller werden. ○

d) ein Bestseller durch anschauliche Zeichnungen bebildert wird. ○

9 Erläutere die Bedeutung des Begriffs „Vorschuss“ (Z. 94) im Textzusammenhang.

____

____

____

10 Kreuze die richtige Antwort an.

Mit „der Angst vorm weißen Blatt“ (Z. 115) ist im Text gemeint, dass ...

a) Autoren viele unfertige Seiten in den Papierkorb werfen. ○

b) Autoren nach vielen Schreibstunden nur noch weiße Farbe sehen. ○

c) Autoren Angst davor haben, keine Einfälle zu haben. ○

d) Autoren Angst vor hohen Papierkosten haben. ○

11 Der Autor des Artikels sieht in der Arbeit als Schriftsteller Schwierigkeiten und Erfolge (Abschnitt 5). Nenne jeweils ein Beispiel.

Schwierigkeiten: ________________________________

____

Erfolge: ________________________________

____

12 Eine Schülerin sagt nach dem Lesen des Textes:

„Ich könnte mir sehr gut vorstellen, Lektorin zu werden. Die Aufgaben finde ich sehr spannend.“

Du kannst dieser Aussage zustimmen oder nicht. Wichtig ist, dass du deine Auffassung begründest und dich auf mehrere Textaussagen beziehst.

Begründung:

____

____

____

____

C 3 Was bedeutet die Aufgabenstellung „Informiere ...“?

Die Aufgabenstellung stammt aus einer Prüfungsvorlage, in welcher ein informierenderText verfasst werden sollte. (Achtung: Die zugehörigen Texte und Materialien findest du auf den Seiten 67 – 70.)

Bald wird an deiner Schule ein Theaterstück über Robinson Crusoe aufgeführt. Du bist gebeten worden, in der Schulzeitung zur Vorbereitung die Figur des Robinson Crusoe vorzustellen. Dein Text soll Schülerinnen und Schüler sowie Lehrkräfte und Eltern über die Figur des Robinson Crusoe informieren.
Gehe dabei so vor:

- Formuliere für den Text eine passende Überschrift.
- Schreibe eine Einleitung, in der du kurz Robinson Crusoe vorstellst.
- Erläutere, in welcher außergewöhnlichen Lebenssituation sich Robinson Crusoe nach dem Schiffbruch befindet und welche Folgen sich daraus für sein Leben und Handeln ergeben.
- Stelle die Gemeinsamkeiten und Unterschiede zwischen der historischen Vorlage und Defoes Roman dar.
- Schlussfolgere anhand der Materialien und eigener Überlegungen, was die Menschen von heute an Robinson Crusoe beeindruckt. Erläutere dabei den Begriff „Robinsonade“.
- Notiere unterhalb deines Textes die von dir genutzten Materialien.

1. Die Aufgabenstellungen geben dir Hinweise zum Adressaten, der Situation bzw. dem Thema und dem Schreibziel. Markiere diese Stellen und notiere sie.

   Adressat: ______________________

   Situation/Thema: ______________________

   Schreibziel: ______________________

2. In der Aufgabenstellung oben ist zum Teil schon unterstrichen worden, was von dir erwartet wird. Unterstreiche auch in den weiteren Aufgaben, was du tun sollst. Die Operatoren geben dir Hinweise.

INFO zu 2.

verfassen/formulieren: einen Text schreiben
(be)nennen/vorstellen: Informationen zusammentragen
beschreiben: Textaussagen oder Sachverhalte in eigenen Worten strukturiert wiedergeben
darstellen: Inhalte, Aussagen oder Zusammenhänge sachlich und strukturiert formulieren
erläutern: Sachverhalte oder Textaussagen veranschaulichen und durch zusätzliche Informationen verständlich machen
erklären: Textaussagen, Sachverhalte auf der Basis von Kenntnissen und Einsichten darstellen
begründen: eigene Aussagen erklären, z. B. durch Konjunktionen (*weil, denn*, ...) einleiten
schlussfolgern: auf der Grundlage gegebener Informationen zu eigenen Erkenntnissen gelangen

INFO zu 1.

Um einen informierenden Text schreiben zu können, musst du dir Folgendes verdeutlichen:
- An welchen **Adressaten** richtest du dich?
- **Worüber** sollst du informieren (Situation/Thema)?
- Welches **Schreibziel** hast du?
- Welche **Informationen** aus dem vorgegebenen Material sind für deinen Text geeignet?

Orientiere dich sprachlich und inhaltlich an deinem Adressaten.

INFO zu ① f)

Zum Schluss sollst du die von dir genutzten Materialien angeben. Damit vergewisserst du dich, dass du die Materialien, die du nennst, bewusst bearbeitet hast. Außerdem machst du deutlich, dass die Informationen der Materialien nicht von dir persönlich stammen, sondern andere Urheber haben.

C 4 Aufgabentyp 2: Einen informierenden Text verfassen

Hier erhältst du eine Übersicht über die **Vorgehensweise zur Bearbeitung der Schreibaufgabe zum Aufgabentyp 2.** Die blau markierten Wörter (Arbeitstechniken, Operatoren, Fachbegriffe) kannst du im Glossar (S. 140) oder den Kapiteln B 5 (S. 25) und C 3 (S. 64) nachschlagen. Bei der Bearbeitung der Aufgabenstellungen in den Kapiteln C 6 – C 8 kannst du dich an der Übersicht orientieren.

Sechs Schritte zur Bearbeitung der Aufgabenstellung

1. Schritt: Sich orientieren
- Aufgabenstellung und Teilaufgaben lesen
- Adressaten ermitteln
- Situation/Thema erfassen
- Teilaufgaben und **Operatoren** erfassen
- Schreibziel erkennen (→ **informieren**)

↓

2. Schritt: Materialien erschließen und Inhalte erfassen
- Texte, **Grafiken**, Tabellen lesen
- unbekannte Begriffe und Ausdrücke klären (Wörterbuch, Sinnzusammenhang)
- **Schlüsselstellen** markieren und bewerten (mit Symbolen, Pfeilen)
- Stichpunkte in der Randspalte notieren

↓

3. Schritt: Schreibplan anlegen
- Tabelle anlegen (nach Teilaufgaben und Materialien gliedern)
- eigene Notizen machen („*Daran muss ich denken*“-Spalte)

↓

4. Schritt: Materialien auswerten und Stichworte im Schreibplan festhalten
- Überschrift: Thema nennen, Interesse wecken
- Einleitung: ins Thema einführen, Vorgaben der Teilaufgaben 1 a und 1 b berücksichtigen
- Hauptteil: Teilaufgaben ab 1 c berücksichtigen
- Schlussteil: Schlussfolgerungen zu den Aspekten der Teilaufgabe 1 e ziehen
- Nummern der verwendeten Materialien im Schreibplan notieren

↓

5. Schritt: Informierenden Text schreiben

Inhalt:
- Überschrift formulieren
- zusammenhängenden Text verfassen
- schlüssige Reihenfolge beachten
- Adressaten berücksichtigen (sachlich, verständlich, anschaulich schreiben)
- inhaltliche Zusammenhänge richtig darstellen (Fakten, Zahlen, Fachbegriffe)

Darstellung:
- nach Teilaufgaben Absätze einfügen
- in eigenen Worten formulieren
- verwendete Materialien aufzählen

↓

6. Schritt: Text überarbeiten
- Interessante Überschrift?
- Alle Teilaufgaben berücksichtigt (→ **Operatoren**)?
- Informationen für die Adressaten nachvollziehbar und interessant formuliert?
- Informationen richtig dargestellt?
- Sinnvolle Gliederung des Textes?
- Vollständige Sätze?
- Im **Präsens** geschrieben?
- In eigenen Worten formuliert?
- **Rechtschreibung, Zeichensetzung, Grammatik** korrekt?

C 5 Schreibplan zu Aufgabentyp 2

Nutze diese Tabelle zur Planung deines informierenden Textes. Ergänze die Kategorien der Teilaufgaben und die Informationen aus den Materialien stichwortartig.

Adressat: ______________________________

Situation / Thema: ______________________________

Schreibziel: ______________________________

Aufgaben/ Material	1 a) Überschrift	1 b) Einleitung	1 c)	1 d)	1 e)	Daran muss ich denken:
M1						
M2						
M3						
M4						
M5						
M6						
M7						

C 6 Aufgabentyp 2: Robinson Crusoe (angeleitetes Üben)

Teil II

Bald wird an deiner Schule ein Theaterstück über Robinson Crusoe aufgeführt. Du bist gebeten worden, in der Schulzeitung zur Vorbereitung die Figur des Robinson Crusoe vorzustellen.
Dein Text soll Schülerinnnen und Schüler sowie Lehrkräfte und Eltern über die Figur des Robinson Crusoe informieren.
Damit du deinen Text schreiben kannst, bekommst du eine Materialsammlung (M1 – M7).

Lies bitte zunächst die Aufgabenstellung und dann die Materialien aufmerksam durch, bevor du mit dem Schreiben beginnst.

Aufgabenstellung[1]

Verfasse auf der Grundlage der Materialien M1 – M7 einen **informierenden Text** über Robinson Crusoe. Schreibe nicht einfach aus den Materialien ab, sondern achte auf eine eigenständige Darstellung in einem zusammenhängenden Text.

Gehe dabei so vor:

- **Formuliere** für den Text eine passende Überschrift.
- **Schreibe** eine Einleitung, in der du kurz Robinson Crusoe **vorstellst** *(Wer ist Robinson? Mit welchem einschneidenden Erlebnis muss er fertigwerden? Welcher Autor hat die Figur erfunden?)*.
- **Erläutere**, in welcher außergewöhnlichen Lebenssituation sich Robinson Crusoe nach dem Schiffbruch befindet und welche Folgen sich daraus für sein Leben und Handeln ergeben.
- **Stelle** die Gemeinsamkeiten und Unterschiede zwischen der historischen Vorlage und Defoes Roman **dar**.
- **Schlussfolgere** anhand der Materialien und eigener Überlegungen, was die Menschen von heute an Robinson Crusoe beeindruckt. **Erläutere** dabei den Begriff „Robinsonade".
- **Notiere** unterhalb des Textes die von dir genutzten Materialien.

[1] Quelle (Aufgaben): Ministerium für Schule und Weiterbildung des Landes Nordrhein-Westfalen, Düsseldorf 2012

M1

Zeichnung MSW

M2 Robinson Crusoe (Romanauszug) *Daniel Defoe*

Ich wurde im Jahre 1632 in der Stadt York als Sohn einer angesehenen Familie geboren, die aber nicht aus diesem Lande war, denn mein Vater war ein Deutscher aus Bremen und hatte sich zuerst in Hull niedergelassen. Er kam an diesem Ort als Kaufmann zu einem beträchtlichen Vermögen. Darauf siedelte er nach York über. Dort heiratete er meine Mutter, deren Familie Robinson hieß. Nach ihr und dem deutschen Namen meines Vaters wurde ich Robinson Kreutzner genannt. Da es aber in England üblich ist, deutsche Namen zu verunstalten, so wurde ich Robinson Crusoe genannt, und so haben mich auch meine Kameraden allezeit genannt.

Da man mich als dritten und letzten Sohn zu keiner ernsthaften Beschäftigung angehalten[1] hatte, fing ich bald an, mich mit abenteuerlichen Plänen zu beschäftigen. Mein Vater, der schon bei Jahren[2] war, hatte mir eine gute Erziehung gegeben und wollte einen Juristen aus mir machen. Mir aber gefiel nichts in der Welt so gut als das Seemannsleben, und die Begierde danach trieb mich gegen den Willen meines Vaters in mein späteres Elend.

Defoe, Daniel: Robinson Crusoe. Hamburg: Hamburger Lesehefte Verlag, o.J., Nr. 116, S. 1.

[1] zu keiner ernsthaften Beschäftigung angehalten: zu keiner Arbeit verpflichtet
[2] bei Jahren: alt

M3 Klappentext zum Roman

Als es den englischen Kaufmann und Seefahrer nach einem Schiffbruch als einzigen Überlebenden auf eine unbewohnte Insel verschlägt, ahnt er noch nicht, dass er dort für die nächsten 28 Jahre seine eigene Welt erschaffen muss. Mit Ausdauer, Geschicklichkeit und Willenskraft kämpft er ums Überleben, gegen Unwetter, Kannibalen und die Einsamkeit …

Klappentext zu der Ausgabe „Robinson Crusoe“ von Daniel Defoe, Würzburg: ArenaVerlag, 2004.

M4 Robinsons Alltag

Robinson baut sich eine kleine Festung, in deren Schutz er lebt. Er beginnt, Getreide anzubauen, zu jagen und Kleidung aus den Fellen wilder Ziegen herzustellen. Etwa am zwölften Tag nach seiner Landung errichtet er ein großes Kreuz, in das er den 30. September 1659 als Datum seiner Ankunft auf der Insel einritzt, und beschließt, fortan jeden Tag eine Kerbe in das Kreuz zu ritzen. Auch führt er ein Tagebuch, bis ihm schließlich die Tinte ausgeht. Seine Festung rüstet er mit vom Schiff geretteten Musketen[1] aus. All dies tut er mit äußerster Vorsicht, da er sich auf der Insel nicht sicher fühlt.

http://de.wikipedia.org/wiki/Robinson_Crusoe, Seitenaufruf am 07.02.2012

[1] Musketen: Handfeuerwaffen

M5 Robinson und Robinsonaden

So ist es allen Robinsonaden gemein, dass als Grundsituation die Einsamkeit auf einer Insel variiert wird. (...) Ob als Bilderbuch, Kinderbuch, Krimi, Comic, Manga, Fernsehfilm, Kinokassenschlager, Hörstück oder selbst als Oper: Für Kinder – Uwe Timm ‚Der Schatz auf Pagensand' – als auch für Erwachsene – Stephen King ‚Der Überlebenstyp' – scheinen Stoff und Thema spannend und tragen so zum Weiterleben der Robinsonaden bis heute bei.

http://www.erzwiss.unihalle.de/gliederung/grund/schulz/Material/Abenteuer/Robinsonade%20gesamt.doc, Seitenaufruf am 07.02.2012 (gekürzt)

M6 Tabelle mit Daten zum Roman und zur historischen Vorlage

	Roman von Defoe	**historische Vorlage**
Name	Robinson Crusoe	Alexander Selkirk
Alter zu Beginn	18 Jahre	24 Jahre
Beruf	Seemann und Kaufmann	Seemann und Pirat
Zeit auf Insel	1659 – 1687	1704 – 1709
Inselname und -lage	unbekannte Insel in der Karibik (Mittelamerika)	Isla Más a Tierra vor der Küste Chiles (Südamerika)
Grund für Aufenthalt auf Insel	• erleidet nach starkem Sturm Schiffbruch	• glaubt, dass sein Schiff wegen starker Beschädigung sinken wird • kann seine Mannschaft nicht davon überzeugen • wird von seinem Kapitän auf der Insel allein zurückgelassen
Ausrüstung	• Muskete samt Schießpulver • ein Messer • Tinte • ein Tagebuch	• Muskete samt Pulver • Tabak und ein Feuerstein • ein Beil und ein Messer • eine Bibel

Das Material basiert auf Informationen von nachstehenden Internetadressen: http://www.wasistwas.de/sportkultur/alleartikel/artikel/link//b260515764/browse/5/article/robinsoncrusoe.htm, http://literaturnetz.org/11969; Seitenaufruf am 07.02.2012

M7 Fünf Monate einsame Insel: Robinson Crusoe light (Zeitschriftenartikel)

Türkisblaues Wasser, weißer Strand, völlige Einsamkeit: Auf einer winzigen Fidschi-Insel machte Adrian Hoffmann fünf Monate lang seinen Aussteiger-Traum wahr.

„Unser Paradies ist etwa 400 Meter lang und 200 Meter breit. Auf der Landkarte ist es so groß wie ein Sandkorn. Von den mehr als 300 Fidschi-Inseln gehört diese zu den kleinsten, zwei Stunden Bootsfahrt sind es bis zur nächstgrößeren Insel. In zehn Minuten sind wir einmal drum herum gelaufen. Wir, das sind meine Frau Nina und ich, zwei Mittzwanziger aus Heilbronn auf der Suche nach völliger Abgeschiedenheit in der Natur.

Hinter den Palmen verbirgt sich ein in die Jahre gekommenes Holzhaus, das fünf Monate lang unser Zuhause sein wird. Es ist eine Art Robinson-Crusoe-Erlebnis in der Softversion. Freiwillig und dazu mit Solarenergie, die wir für einen Kühlschrank nutzen, der so groß ist wie ein Zimmertresor. Der Verzicht auf westlichen Luxus ist Gewöhnungssache. Wir duschen mit Regenwasser aus einer Blechschale, benutzen ein Plumpsklo und kochen mehrmals am Tag Wasser ab, damit wir es trinken können.

Nur einmal gerät unser Unternehmen in Gefahr: An meinem rechten Oberschenkel entzündet sich eine Wunde. Keine Ahnung, wie es dazu kam. Wenn wir das nicht in den Griff bekommen hätten, hätten wir ein Problem gehabt. Die Reise zu einem Krankenhaus dauert mindestens einen Tag. Ob sie dort qualifizierte Ärzte haben, ist fraglich. Wer sich für die einsame Insel entscheidet, muss eben ein gewisses Risiko eingehen."

http://www.spiegel.de/reise/fernweh/0,1518,druck-642124,00.html; Seitenaufruf am 07.02.2012

Lösungshilfen zu ❶ a)–f)

1. Führe den ersten und zweiten Arbeitsschritt durch (siehe B 5, S. 25).

2. Lege dir eine Tabelle als Schreibplan an (siehe B 5, S. 30) oder nutze die Kopiervorlage C 5 auf S. 66.

3. Notiere im Schreibplan Stichpunkte für eine passende Überschrift (Teilaufgabe ❶ a).

4. Notiere im Schreibplan, was du über die Figur Robinson Crusoe erfährst (Teilaufgabe ❶ b).

5. Übertrage Stichpunkte zu Robinsons Lebenssituation nach dem Schiffbruch im Schreibplan und notiere Folgen für sein Leben und sein Handeln (❶ c).
   - Situation nach dem Schiffbruch: einziger Überlebender auf unbewohnter Insel …
   - Folgen: Kampf ums Überleben (gegen Kannibalen, Unwetter …)

TIPP zu 3.

Denke daran, deinem Text eine passende Überschrift zu geben.

TIPP zu 4. und 5.

Markiere in den Materialien (insbesondere M2 und M3) die Informationen, die sich auf Teilaufgabe ❶ b) beziehen, in der gleichen Farbe. Gehe bei den Teilaufgaben ❶ c) und ❶ d) genauso vor.

6. Notiere im Schreibplan Gemeinsamkeiten und Unterschiede zwischen dem Roman und der historischen Vorlage (Teilaufgabe 1 d).
   Unterschiede:
   - Name (Robinson Crusoe (Roman)/Alexander Selkirk (Vorlage)
   - Alter: 18 Jahre/24 Jahre
   - ...

   Gemeinsamkeiten:
   - Beruf (...)
   - Ausrüstung (...)

TIPP zu 6.

Vergleiche dazu die rechte und die linke Spalte der Tabelle M6. Markiere darin die Gemeinsamkeiten in einer Farbe, die Unterschiede in einer anderen Farbe.

7. Notiere stichpunktartig, was „Robinsonade" bedeutet (1 e).
   „Robinsonade" = bezieht sich auf die Grundsituation ...

TIPP zu 7.

Suche den genannten Begriff in den Materialien (Beispiel *„Robinsonade": M5*) und erkläre ihn mit eigenen Worten. Ziehe dann anhand der Materialien eigene Schlussfolgerungen. Orientiere dich an der Teilaufgabe (hier: Teilaufgabe 1 e).

8. Notiere im Schreibplan Stichpunkte auch, was die Menschen heute noch an der Figur Robinson Crusoe beeindruckt (Teilaufgabe 1 e)
   - Aussteigertraum, Wunsch nach Freiheit/Abenteuer/naturverbundenem Leben
   - Geschichte von Robinson noch immer in Medien gegenwärtig
   - ...

9. Schreibe deinen informierenden Text. Du kannst die folgenden Formulierungsvorschläge verwenden:

Überschrift:

1 a) Die fantastische Welt des ....

Einleitung:

1 b) Daniel Defoe hat mit seiner Romanfigur Robinson Crusoe viele Leser begeistert. In seinem Roman geht es um den Sohn einer angesehenen Kaufmannsfamilie, der ...
Die Figur des englischen Kaufmanns und Seefahrers Robinson Crusoe wurde von dem englischen Schriftsteller Daniel Defoe erfunden.

Hauptteil:

1 c) Robinsons Leben auf der Insel gestaltet sich schwierig, da er ...
Nach dem Schiffbruch beginnt für Robinson Crusoe ein neues Leben, denn ...
Nachdem Robinsons Schiff gesunken ist, muss er nun als einziger Überlebender die nächsten Jahre auf ...
Seine neue Lebenssituation hat auch Folgen für sein weiteres Handeln. So beginnt er ...

1 d) Daniel Defoe hat sich in seinem Roman an einer wahren Begebenheit orientiert.
Die Romanfigur geht zurück auf eine historische Vorlage, den 24-jährigen Alexander Selkirk. Zwischen Robinson Crusoes und Selkirks Schicksal gibt es einige Ähnlichkeiten...
Defoe hat jedoch in seinem Roman auch einige Aspekte verändert ...

Schluss:

1 e) Tatsächlich gibt es heute noch viele Menschen, die davon träumen, ihr Leben auf einer einsamen Insel zu verbringen. Diese Lebensform hat sogar eine eigene Bezeichnung, nämlich „Robinsonade". Darunter versteht man ...

1 f) Ich habe für meinen Info-Text folgende Materialien verwendet: ...

10. Überarbeite deine Texte mithilfe der CHECKLISTE auf Seite 33.

C 7 Aufgabentyp 2: Vampire in Büchern und Filmen (selbstständiges Üben)

Teil II

Die nächste Ausgabe der Schulzeitung, die Schüler, Lehrer und Eltern lesen, widmet sich dem Thema „Phantastische Literatur“. Du bist gebeten worden, für diese Ausgabe einen informierenden Text zum Thema „Vampire in Büchern und Filmen“ zu schreiben. Um deinen Text schreiben zu können, bekommst du eine Materialsammlung (M1 – M6).

Lies zunächst die Aufgabenstellung und dann die Materialien aufmerksam durch, bevor du mit dem Schreiben beginnst.

Aufgabenstellung[1]

Verfasse auf der Grundlage der Materialien M1 – M6 einen **informierenden Text** zum Thema „Vampire in Büchern und Filmen“. Schreibe nicht einfach aus den Materialien ab, sondern achte auf eine eigenständige Darstellung in einem zusammenhängenden Text.

Gehe dabei so vor:

- **Formuliere** für den Text eine passende Überschrift.
- **Schreibe** eine Einleitung, in der du kurz **definierst**, was ein Vampir ist und woher die Vorstellung von Vampiren ursprünglich stammt.
- **Stelle** das von Bram Stoker geschaffene Vampirbild **dar**. **Erkläre** dabei auch die besondere Rolle Bram Stokers für die nachfolgende Vampirliteratur und die späteren Vampirfilme.
- **Erläutere**, wie sich das Vampirbild im Film entwickelt hat.
- **Schlussfolgere** anhand der Materialien und eigener Überlegungen, warum viele Menschen Vampirbücher und -filme faszinierend finden. Beziehe dich dabei auch auf die Funktion von phantastischer Literatur.
- **Notiere** unterhalb des Textes die Nummern der von dir genutzten Materialien.

M1 Vampirbilder – von früher bis heute

[1] Quelle (Aufgaben): Ministerium für Schule und Weiterbildung des Landes Nordrhein-Westfalen, Düsseldorf 2015

M2 Was macht einen Vampir aus? Auszug aus einem Online-Lexikon

Vampire sind untot. Sie sind lebende Tote, deren Hauptanliegen – zumindest in Literatur und Film – meistens das Blutsaugen ist. Vampire brauchen Energie und Leben, das sie sich durch das Blut von Lebenden holen. Und auch sonst haben sie außergewöhnliche Eigenschaften. Häufig sind die besonderen Fähigkeiten – vor allem seit Stokers Roman „Dracula“ – allen Vampiren gemeinsam, doch manchmal variieren sie und treten in verschiedenen Zusammenstellungen auf.
Sie meiden das Tageslicht und schlafen tagsüber in ihren dunklen Särgen, während sie nachts erwachen und auf Nahrungssuche gehen. Außerdem können Vampire überdurchschnittliche Kräfte entfalten und auf natürlichem Wege niemals sterben. Feuer oder ein Holzpflock, der ihm grausam durchs Herz gestoßen wird, bringt den Vampir um. Als Abwehrmittel gelten vor allem Knoblauch und religiöse Utensilien wie Kreuze oder Weihwasser. Man kann sich jedoch niemals sicher sein, denn wie gesagt: Die Eigenschaften variieren.

http://www.planet-wissen.de/kultur_medien/fabelwesen/vampire/, Seitenaufruf am 4.7.14

M3 Dracula war nicht der Anfang – Vampirvorstellungen im Wandel der Zeit

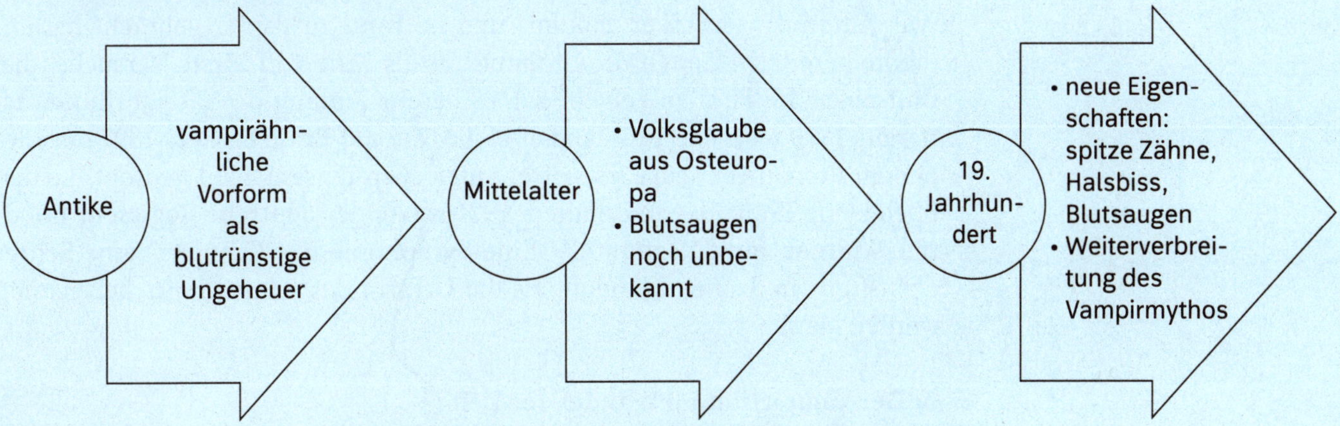

Informationen: http://www.planet-wissen.de/kultur_medien/fabelwesen/vampire/, Seitenaufruf am 23.7.14

M4 Dracula von Bram Stoker

a) Die Geschichte des berüchtigten Grafen Dracula, der in Transsylvanien und London sein Unwesen treibt, ist weltbekannt. Der Roman, der die Themen Liebe, Abenteuer und Schauer kunstvoll verknüpft, regte seit seinem Erscheinen 1897 zahlreiche Schriftsteller, Regisseure und Künstler zu Adaptionen und Nacherzählungen an. Varianten des Vampir-Mythos erfreuen sich bis heute ungebrochener Beliebtheit, und zahllose Legenden ranken sich um den düsteren Grafen. Den Anfang jedoch nehmen all diese Geschichten in einem der berühmtesten Meisterwerke der Weltliteratur: Bram Stokers „Dracula“.

http://www.dtv-dasjungebuch.de/buecher/dracula_14299.html#tabs, Seitenaufruf am 23.7.14

b) Für das breite Publikum ist der Vampir ein Blutsauger, der in der Nacht die Schlafenden aufsucht und ihren langsamen Tod bewirkt, indem er ihnen ihr Leben aussaugt. Romane und Filme haben uns vertraut gemacht mit den „Lebensgewohnheiten" dieses Wesens: Der Vampir, der als lebender Toter das Tageslicht scheut, wenn die Sonne am Himmel steht, in seinem Sarg oder in einer Kiste, angefüllt mit der Erde des eigenen Grabes, schläft dort mit offenen Augen, während Ratten ihn vor jeder Annäherung anderer bewahren; er fürchtet nichts so sehr wie Kreuz und Knoblauch. Als Untoter par excellence hat er bleiche Haut, gut entwickelte und spitze Schneidezähne, blutrote Lippen und überlange Fingernägel, seine Hände sind eiskalt und seine Fäuste von eiserner Kraft. Begleitet vom Todesgeheul der Hunde und Wölfe verlässt er seinen Aufenthaltsort, und wenn er sich in ein Haus schleicht, verursacht er bei den Bewohnern eine hilflose Benommenheit. (...) Die genannten Merkmale gehen auf weit zurückliegende Traditionen zurück. Bram Stoker hat sie gesammelt und mit Geschick angeordnet, um damit etwas zu schaffen, was zum Mythos des Vampirs geworden ist.

Claude Lecouteux: Die Geschichte der Vampire: Metamorphose eines Mythos. Patmos Verlag, 2008. S. 10–11.

M5 Die Entwicklung des Vampirfilms

a) Die Anfänge des Vampirfilms

Was Autoren wie Stoker, Polidori und Le Fanu zu Papier gebracht hatten, diente bereits zu Zeiten des Stummfilms als Kinostoff. Erste Versuche, die Blutsauger im Film zu zeigen, gab es bereits Anfang des 20. Jahrhunderts. Bereits 1920 wurde in Russland ein Film, der auf Bram Stokers 1897 erschienenem Roman „Dracula" basierte, unter eben diesem Titel gedreht. Leider blieb keine Kopie davon erhalten. 1921 setzte der deutsche Regisseur Friedrich Murnau mit „Nosferatu – Eine Symphonie des Grauens" eine Schreckensfigur in Szene, die heute als die Urform des Filmvampirs bezeichnet werden kann.

b) Der Vampirfilm im Wandel der Zeit

Zwischen „Nosferatu" von 1922 und „Twilight" liegen einige 100 Vampirfilme. Und da auch Vampire mit der Zeit gehen müssen, wenn sie überleben wollen, treten die Blutsauger heute ganz anders auf, als noch zu F. W. Murnaus Zeiten.

Der Vampir an sich hat sich seit „Nosferatu" stark verändert: Gestern ein buckliger wandelnder Leichnam mit überlangen Krallenhänden, heute ein gutaussehender junger Mann, der im Sonnenlicht glitzert wie ein Diamant, so wie Edward Cullen aus der „Twilight"-Reihe.

Den ersten Schritt in diese Richtung tat 1931 Bela Lugosi in Tod Brownings „Dracula": Er gab den gutgekleideten, attraktiven „Gentleman-Vampir" und wurde zum Sexsymbol einer ganzen Generation. Und noch eine Neuerung führte Bela Lugosi als Dracula ein: den Hang zur Serie. Auf „Dracula" folgten „Draculas Tochter", „Draculas Sohn", „Frankensteins Haus", „Draculas Haus" und „Abbott & Costello treffen Frankenstein".

Joel Schumacher brachte den Vampirfilm 1987 in die Moderne: In seinem „The Lost Boys“ sind die Vampire keine Cape tragenden Adligen, sondern eine Gruppe Rocker. Und „John Carpenter's Vampires“ trieben 1998 in Mexiko ihr Unwesen – ganz im Stil eines Italo-Westerns. Heute kann man den Vampir in allen Altersstufen und Bevölkerungsschichten finden. Aktuellstes Beispiel: Edward Cullen aus der „Twilight“-Reihe. Er scheint zunächst nur ein ganz normaler Jugendlicher zu sein, besucht sogar die High School. Der edel gekleidete Vampir mit rot-gefüttertem Umhang scheint ausgedient zu haben.

c) Filme mit Biss

Eines hat das Genre des Vampirfilms mit seinen Hauptfiguren gemeinsam: Es ist einfach nicht totzukriegen. Der beste Beweis dafür ist der weltweite Erfolg der Verfilmung von Stephenie Meyers Vampir-Saga „Twilight“ um die unsterbliche Liebe zwischen Vampir Edward und seiner (ehemals) menschlichen Freundin Bella. Vampir und Gesellschaft sind miteinander verbunden, seit Bram Stoker „Dracula“ schrieb. Der Vampir steht schon immer außerhalb der Gesellschaft. Er kann all das tun, was den Normalsterblichen verboten ist – und so der Gesellschaft als Spiegel dienen.

Literaturwissenschaftler der Universität Siegen haben versucht, dem Erfolg von Stephenie Meyers „Twilight“-Saga auf die Spur zu kommen. Immerhin haben sich die vier Bände hierzulande bisher mehr als 7,5 Millionen Mal verkauft. Vampirromanzen an sich sind nichts Neues. Der Erfolg von Meyers Version beruht laut den Literaturwissenschaftlerinnen Sabine Planka und Jana Mikota auf mehreren Faktoren:

1. Eine reine Liebe: Meyer entwirft eine Saga der reinen Liebe. Bella und Edward sind Seelenverwandte, mehr noch: Sie sind füreinander bestimmt. Und da Bella sich am Ende auch für ein Leben mit Edward entscheidet und für ihn zur Vampirin wird, wird diese Liebe auch bis in alle Ewigkeit andauern.
2. Freundliche Vampire: Edward und seine Familie, die Cullens, sind ausgesprochen nette und menschenfreundliche Vampire: Sie verzichten freiwillig auf Menschenblut und trinken nur von Tieren. Vampirische „Vegetarier“ also. Ganz anders als noch Graf Dracula, der nicht davor zurückschreckte, Menschen zu töten. Harmlose Vampire wie die Cullens, meint Sabine Planka, könne man in der Literatur seit den 1980er-Jahren nachweisen: eingesetzt, um Kindern die Angst vor dem Unbekannten zu nehmen. Edward ist da schon etwas komplexer: „Auch bei Edward gibt es das Spiel mit der Gefahr. Er muss seine Triebe kontrollieren.“
3. Gewusst wann: Und noch ein Faktor spielt eine Rolle. Stephenie Meyer brachte ihre Bücher genau im richtigen Moment auf den Markt. „Gerade in Zeiten der Wirtschaftskrise sehnen sich Jugendliche nach Sicherheit, wie Bella sie verkörpert“, meint Jana Mikota. „Und Edward ist der perfekte Mann an ihrer Seite.“

http://www.br.de/themen/kultur/inhalt/film/vampirfilm-vampire-blutsauger100.html, Seitenaufruf am 23.7.14

M6 Funktion der phantastischen Literatur

In der phantastischen Literatur kommen neben realistischen Elementen auch unwirkliche, phantastische Begebenheiten, Figuren, Gegenstände oder Welten vor.

1. Die phantastische Erzählung allgemein unterstützt und fördert die Phantasietätigkeit des Lesers. Phantasietätigkeit ist bei der Lösung von Problemen im Alltag und bei der Entwicklung von Alternativen wichtig.
2. Phantastische Erzählungen können im Besonderen bekannte Sichtweisen durchbrechen.
3. Phantastische Erzählungen können eine tröstende Funktion haben. Sie können Dinge, wie zum Beispiel den Tod, erklären und ihm eine zwar unvernünftige, aber sinnstiftende Begründung geben.
4. Phantastische Bücher eignen sich besonders gut dazu, sich aus der Wirklichkeit weg- und in eine phantastische Welt hineinzuträumen.
5. Nicht zuletzt ist eine wesentliche Funktion phantastischer Literatur, spannend und unterhaltsam zu sein.

http://www.rossipotti.de/inhalt/literaturlexikon/genres/phantastische_literatur.html, Seitenaufruf am 4.7.13

C 8 Aufgabentyp 2: Winnetou (selbstständiges Üben)

Teil II

Bald wird an der Freilichtbühne deines Heimatortes an mehreren Tagen das Theaterstück „Winnetou" aufgeführt. Alle Klassen deiner Schule sowie Eltern und Lehrerinnen und Lehrer werden sich das Stück ansehen. Du bist gebeten worden, in der Schulzeitung zur Vorbereitung die Figur des Winnetou vorzustellen. Dein Text soll Schülerinnen und Schüler sowie Lehrkräfte und Eltern informieren.
Damit du deinen Text schreiben kannst, bekommst du eine Materialsammlung (M1 – M7).

Lies bitte zunächst die Aufgabenstellung und dann die Materialien aufmerksam durch, bevor du mit dem Schreiben beginnst.

Verfasse auf der Grundlage der Materialien M1 – M7 einen **informierenden Text** über Winnetou. Schreibe nicht einfach aus den Materialien ab, sondern achte auf eine eigenständige Darstellung in einem zusammenhängenden Text.

Gehe dabei so vor:

- **Formuliere** für den Text eine passende Überschrift.
- **Schreibe** eine Einleitung, in der du die Figur Winnetou **vorstellst** *(Wer ist Winnetou? Wer sind seine Begleiter? Welcher Autor hat die Figur erfunden?)*.
- **Stelle** das von Karl May geschaffene Winnetou-Bild **dar**. **Erläutere**, wie Karl May seine eigenen Lebenserfahrungen mit der Welt seiner Figuren verknüpft und was er erfindet. Beziehe dich dabei auf konkrete Beispiele.
- **Erläutere**, wie sich die Figur des Winnetou im Film, Fernsehen und auf der Bühne entwickelt hat.
- **Schlussfolgere** anhand der Materialien und eigener Überlegungen, was die Menschen an Winnetou fasziniert hat. Beziehe dich dabei auch auf die Reaktionen der Zuschauer.
- **Notiere** unterhalb deines Textes die von dir genutzten Materialien.

M1 Buchcover Winnetou

Copyright: Karl May Verlag

M2 Zusammenfassung zu „Winnetou (I)"

Karl, angestellt als Hauslehrer einer Familie aus Deutschland, wird vom Büchsenmacher[1] Mr. Henry zur Eisenbahngesellschaft „Atlantic and Pacific Company" vermittelt und soll dort als Vermesser arbeiten. Er sieht sich mit faulen und trunksüchtigen Kollegen konfrontiert, die ihm den Großteil der Arbeit zuschieben. Allein Will Parker, Dick Stone und Sam Hawkens sind ihm behilflich. Bei Hawkens lernt Karl die Jagd auf Büffel und Mustangs[2]. Als sie von einem Bären angegriffen werden, kann dieser von ihm durch Messerstiche getötet werden.
In diesem Moment kommen der Apachenhäuptling Intschu-tschuna, Winnetou, sein Sohn, und Klekih-petra in das Lager und erklären, dass die Landvermesser ihren Einsatz abbrechen müssen, weil sie sich auf Indianerland befinden. Die Ingenieure lehnen das Ansinnen ab und in einem Streit wird Klekih-petra

erschossen. Winnetou und sein Vater reiten ins Lager, um Verstärkung zu holen und den Tod Klekih-petras zu rächen. Dazu benötigen sie die Hilfe der Kiowas[3], die sie nur notgedrungen in Anspruch nehmen. Während des gemeinsamen Angriffs auf die deutschen Ingenieure werden Intschu-tschuna und Winnetou von den Kiowa gefangengenommen. Karl, der inzwischen den Namen Old Shatterhand trägt, befreit die Indianer heimlich.

Old Shatterhand muss sich später einem Messerkampf stellen, bei dem er schwer verwundet wird. Mit seinen Freunden wird er in den Apachen-Pueblo gebracht und von Nscho-tschi, der Schwester Winnetous, gesund gepflegt, um anschließend den Martertod[4] zu sterben. Er verlangt immer wieder, Winnetou zu sprechen, um ihm zu zeigen, dass er dessen heimlicher Befreier war. Doch dazu kommt es nicht und er soll mit einem Gottesurteil[5] entscheiden, ob er und die anderen Weißen überleben dürfen. Mit einer List gewinnt Old Shatterhand und schließt mit Winnetou Blutsbrüderschaft. (...)

http://www.buchhexe.com/buch/winnetou-1
Seitenaufruf 04.01.2016 leicht verändert

[1] der Büchsenmacher: jemand, der Schusswaffen herstellt und repariert
[2] der Mustang: ein Wildpferd
[3] die Kiowa: ein Indinanerstamm
[4] der Martertod: am Marterpfahl getötet werden
[5] das Gottesurteil: durch ein übernatürliches Zeichen herbeigeführte Entscheidung

M3 Das fabelhafte Leben des Karl May

Menschen anflunkern – Karl May, 1842 im sächsischen Ernstthal geboren, war ein Meister darin! Der Sohn einer armen Weberfamilie hatte als falscher Arzt gearbeitet und verkleidet als Polizist Pelze und Pferde gestohlen. Nach Jahren im Gefängnis begann er zu schreiben. Seine Bücher, vor allem die Abenteuer um Winnetou und Old Shatterhand, machten ihn zu einem der erfolgreichsten Schriftsteller aller Zeiten. Mehr als 200 Millionen Mal wurden seine Werke verkauft, in 42 Sprachen übersetzt, zudem vielfach verfilmt und als Hörspiele vertont. Millionen Menschen entdeckten mit den Büchern den Wilden Westen, der im 19. Jahrhundert noch eine fremde neue Welt war und darum so sehr faszinierte. Viele sahen in Karl May einen weit gereisten Experten für fremde Kulturen, dabei hatte er sie nur im Geiste besucht. Seine Erzählungen – pure Fantasie. Und das wäre ja auch nicht weiter schlimm gewesen, hätte May selbst nicht beständig das Gegenteil behauptet. „Ich bin wirklich Old Shatterhand", schrieb er 1896, „habe das alles und noch viel mehr erlebt." Schon zu seinen Lebzeiten warfen ihm Kritiker darum vor, er betrüge und spiele mit der Leichtgläubigkeit von Kindern. Erst im Alter von 66 Jahren reiste May zum ersten Mal in die USA. Den Apachen allerdings, die er in seinen Büchern als „edle Wilde" weltberühmt gemacht hat, begegnete er auch da nicht. Karl May starb am 30. März 1912.

http://www.geo.de/GEOlino/mensch/video-hinter-den-kulissen-der-karl-may-festspiele-74121.html?p=2&eid=73999 Seitenaufruf 04.01.2016

M4 Die vielen Gesichter von Winnetou Pierre Brice

Was Pierre Brice in den letzten 41 Jahren in der Rolle des Winnetous erlebte, ist einmalig. Von Anfang an war er die Idealverkörperung von Karl Mays Winnetou. Alles begann im Dezember 1962 mit dem deutschen Kinofilm „Der Schatz im Silbersee". Innerhalb weniger Monate wurde Pierre Brice zum beliebtesten Filmschauspieler in Deutschland – zum Idol mehrerer Generationen. (...) Wie ein roter Faden zieht sich die Winnetou-Figur durch das künstlerische Schaffen von Pierre Brice. Als Häuptling der Apachen dreht Pierre Brice elf Karl-May-Filme, spielt und schrieb zwei Fernsehserien und stand 15 Jahre bei den Karl-May-Festspielen in Deutschland nicht nur als Darsteller auf der Bühne. Im steten Wandel der Zeit hat er diese Figur nicht nur gespielt, sondern er vertrat sie auch. Er gab Winnetou eine persönliche Note und eine Botschaft, veränderte ihn und ließ ihn nie altmodisch werden. (...)

Wie immer man sich Winnetou vorgestellt haben mochte, das Karl-May-Publikum war einhellig der Meinung, Pierre Brice ist Winnetou: edel, schön und ernst. Mit „Winnetou und Shatterhand im Tal der Toten" wurde die erfolgreichste Kinofilmserie, die über 35 Millionen Zuschauer in die Lichtspielhäuser zog, abgeschlossen. (...) In über 60 Ländern zogen die bunten Filmillustrationen Zuschauer in die Kinos. (...) Das Medium Fernsehen brachte Winnetou später auch zu den Leuten, die seit zwanzig Jahren nicht mehr in den Kinos waren.

Im Jahre 1976 warteten die damals noch fast unbekannten Karl-May-Spiele Elspe im Sauerland mit einer Sensation auf: Winnetou Pierre Brice auf einer deutschen Freilichtbühne. Zehn Jahre spielte er hier in deutscher Sprache mit französischem Akzent, der einzigartig zu Winnetou passte. (...)

Mit der Fernsehserie „Mein Freund Winnetou" 1978 entfernte sich Pierre Brice in seiner Darstellung des Winnetous bewusst von den Romanvorlagen Karl Mays und den doch märchenhaften Verfilmungen der 60er Jahre. Es entstand ein reiferer Winnetou, der die Lebensgewohnheiten der nordamerikanischen Indianer, ihre Kultur und Traditionen verkörperte. Der Häuptling der Apachen trägt von nun an Originalkostüme und ein rotes Tuch um sein schwarzes Haar. Mit der Rolle des Winnetous verbindet er nun menschliche Werte wie Freundschaft, Treue, Mut, Ehrlichkeit, die Sehnsucht nach Frieden, Menschlichkeit und Tapferkeit. Die Figur Karl Mays überlebt so die Gegenwart.

http://www.pierrebrice.de/winnetou/win start.htm Seitenaufruf 04.01.2016 16.05 Uhr

M5 Winnetou darf nicht sterben

Im Film kämpfen Old Shatterhand, Sam Hawkens und Winnetou gemeinsam gegen Banditen, als sich Oberfiesling Rollins von hinten anschleicht und einen Schuss auf Old Shatterhand abfeuert. Winnetou wirft sich heldenhaft dazwischen, die tödliche Kugel erwischt ihn, das Ende ist nah. Viele Ältere haben die Szene bis heute vor Augen: Der sterbende Winnetou gestützt von Old Shatterhand. (...) Dann galoppiert noch Iltschi heran, Winnetous treuer Rappe, und wiehert zum Ab-

schied. Aus der Ferne erklingen die Glocken von Santa Fe, gefolgt von allerletzten Worten in der dritten Person: „Winnetous Seele muss gehen. Winnetou ist bereit. Leb wohl, mein treuer, mein …" –
Michael Petzel, als Karl-May-Experte Autor mehrerer Film-Bücher, war damals 13. „Ich fand das schon als Kind etwas kitschig", sagt er. (…)"
Mit „Winnetou, 3. Teil" hatte die seit 1962 währende, sensationell erfolgreiche Karl-May-Serie ihren Höhepunkt erreicht oder auch schon leicht überschritten, wie Petzel meint. Winnetou-Darsteller Pierre Brice berichtete von den Reaktionen der Zuschauer: „Ein Aufstand war die Folge, ja beinahe eine französische Revolution. Der Regisseur wurde bedroht, aufgebrachte Fans schmierten Hassparolen, und uns war klar: „Winnetou darf nicht sterben."

http://www.spiegel.de/einestages/karl-may-filme-der-tag-als-winnetou-starb-a-1057445.html, Seitenaufruf 04.01.2016 gekürzt und verändert

M6 Winnetous Auftreten

Karl May beschreibt Winnetou bei seinem ersten Auftreten so: „… war genau so gekleidet wie sein Vater, nur daß sein Anzug zierlicher gefertigt worden war. Seine Mokassins[1] waren mit Stachelschweinsborsten und die Nähte seiner Leggins und des Jagdrockes mit feinen, roten Nähten geschmückt. Auch er trug den Medizinbeutel am Halse und das Kalumet[2] dazu. Seine Bewaffnung bestand wie bei seinem Vater aus einem Messer und einem Doppelgewehre. Auch er trug den Kopf unbedeckt und hatte das Haar zu einem Schopfe aufgewunden, aber ohne es mit einer Feder zu schmücken. Es war so lang, daß es dann noch reich und schwer auf den Rücken niederfiel. (…) Sein Gesicht war fast noch edler als dasjenige seines Vaters und die Farbe desselben ein mattes Hellbraun mit einem leisen Bronzehauch. Er stand, wie ich jetzt erriet und später dann erfuhr, mit mir in gleichem Alter und machte gleich heut, wo ich ihn zum erstenmal erblickte, einen tiefen Eindruck auf mich. Ich fühlte, daß er ein guter Mensch sei und außerordentliche Begabung besitzen müsse (…)." (K. May, Winnetou I)

http://karl-may-wiki.de/index.php/Winnetou Seitenaufruf 04.01.2016

[1] die Mokassins: weiche Schuhe
[2] das Kalumet: eine Pfeife

M7 Pierre Brice über „Winnetou"

„Ich habe Winnetou viel zu verdanken. Ganz abgesehen davon, dass ich vorher ein Schauspieler war, den man nur in Italien, Spanien und ein wenig in Frankreich kannte. Nun bin ich zu einem Idol der deutschen Jugend geworden. Aber dahinter steckt viel mehr. Winnetous Eigenschaften sind zu Leitbildern für mich geworden. (…) Und selbst wenn ich nicht wollte – ich müsste Winnetou entsprechen, denn sonst würde ich mein Publikum enttäuschen. Zwei Eigenschaften dieser Gestalt erscheinen mir als besonders wesentlich. Die eine ist: Er ist ein Held und zwar in allen Lebenslagen. Er ist mutig und anständig, er ist großzügig und hilfsbereit. Die zweite: Er ist ein treuer Freund und in allen Lebenslagen entschlossen, selbst sein Leben einzusetzen."

http://www.pierrebrice.de/winnetou/winstart.htm Seitenaufruf 04.01.2016

D Prüfungsaufgaben zum Themenbereich „Eine Frage der Beziehung“

In diesem Kapitel bearbeitest du zu dem Thema „Eine Frage der Beziehung“ mehrere Prüfungsbeispiele. Notiere die benötigte Arbeitszeit (siehe Seite 6).

D 1 Leseverstehen: Wie das Minenfeld der Peinlichkeit umgangen wird (angeleitetes Üben)

Teil I

Lies zunächst den Text sorgfältig durch. Bearbeite anschließend die Aufgaben 1 – 16.

Wie das Minenfeld der Peinlichkeit umgangen wird

(1) Jugendliche drucksen oft herum, wenn es um miese Zensuren, mobbende Mitschüler oder die erste Liebe geht. Mit einer cleveren Strategie wird's nicht ganz so peinlich. Auch Eltern ist manches unangenehm.

Es gibt Themen, die Jugendlichen peinlich sind und nur schwer über die Lippen gehen. Worüber muss man trotzdem mit ihnen reden? „Eltern müssen nicht alles wissen, es ist aber gut, wenn sie einschätzen können, wie es ihrem Kind geht“, sagt Ulric Ritzer-Sachs von der Bundeskonferenz für Erziehungsberatung.

Ob Jugendliche sich den Eltern gerne anvertrauen, ist von Fall zu Fall unterschiedlich, erklärt der Experte. Gibt es in einer Familie schon immer einen regen Austausch, dann herrscht eine Kultur des Erzählens. In der fällt es leicht, auch peinliche Themen anzusprechen. Doch was, wenn es eine solche Erzählkultur nicht gibt?

(2) Besonders schwierig ist oft das Thema Liebe und Sexualität. Ob Jugendlichen mit ihren Eltern über ihren heimlichen Schwarm, die erste Beziehung oder das erste Mal sprechen, sollten sie nach Gefühl entscheiden, rät Psychotherapeut und Buchautor Joachim Braun. Ein Richtig und Falsch gibt es nicht: „Es ist natürlich toll, wenn man das Gefühl hat, mit den Eltern über Liebe und Sexualität sprechen zu können – es ist aber auch völlig in Ordnung, es nicht zu tun.“

Jugendliche haben ein Recht auf Intimsphäre[1], sagt Braun. Alternativ könne man auch mit den Freunden darüber sprechen. Geht es um die Erlaubnis, bei der Freundin oder dem Freund zu übernachten, muss man die Eltern natürlich fragen. Halten die ihren Nachwuchs noch für zu jung dafür, kann man versuchen, ihnen die Ängste zu nehmen, erklärt Psychotherapeutin Christiane Wempe. Wer sagt: „Macht euch keine Sorgen, ich habe in der Schule gelernt, wie Verhütung funktioniert“, kann die Eltern eventuell beruhigen.

(3) Bei schlechten Noten in der Schule oder einer gefährdeten Versetzung gilt: So früh wie möglich erzählen, meint Ritzer-Sachs. Die meisten Eltern finden es besonders schlimm, erst kurz vor einem miesen Zeugnis oder einer gefährdeten Versetzung informiert zu werden. Erfahren sie rechtzeitig von Problemen, können sie noch reagieren. Christiane Wempe rät, schlechte Noten eventuell getrennt zu beichten: Reagiert ein Elternteil absehbar gereizt darauf, sprechen Kinder vielleicht zuerst mit dem anderen.

(4) Andere Schulprobleme sind möglicherweise noch unangenehmer: Vielen Jugendlichen fällt es besonders schwer, darüber zu sprechen, wenn sie gemobbt oder ausgegrenzt werden. Trotzdem sollte man sich den Eltern in so einem Fall unbedingt anvertrauen, rät Joachim Braun. „Nur wenn man sich den Eltern öffnet, haben die auch eine Chance zu helfen." Und das können die Eltern meistens ganz gut: „Bei Mobbing ist es wichtig, dass Jugendliche, Eltern und Lehrer zusammenarbeiten und ein Netzwerk bilden", erklärt der Buchautor. Häufig ist es einfach, Mobbing zu unterbinden, wenn man es öffentlich macht, sagt auch Ulric Ritzer-Sachs. Und manchen Jugendlichen hilft es beim Berichten von Hänseleien, den Eltern vorher zu sagen: „Ich möchte erst mal nur erzählen – ohne dass ihr euch direkt einmischt." Danach können Eltern und Kinder gemeinsam und in Ruhe überlegen, wie es weitergeht.

(5) Ein besonders sensibles Thema für Jugendliche ist die Scheidung der Eltern. „Viele Jugendliche belastet es, wenn die Eltern sich trennen", sagt Christiane Wempe. „Das Thema zu Hause anzusprechen ist ihnen aber unangenehm, weil sie den Eltern aber nicht noch mehr Sorgen bereiten wollen." Dazu fürchten sie häufig negative Reaktionen, zum Beispiel die Abwertung des anderen Elternteils, erklärt Wempe.

Tatsächlich sind viele Eltern, die gerade in der Hochphase der Scheidung stecken, nicht objektiv. „Manchmal ist es dann sinnvoller, wenn sich Jugendliche Beratung von außen holen – etwa bei Freunden, deren Eltern auch geschieden sind, oder bei einem Therapeuten", sagt Wempe.

(6) Bei manchen Themen haben Jugendliche keine Wahl: Immer wenn es um Vereinbarungen und Erlaubnisse geht, muss man die Zähne auseinander bekommen und mit den Eltern sprechen, sagt Joachim Braun. Ausgehzeiten, das Taschengeld, das erste Mal bei der Freundin oder dem Freund übernachten: „Wer etwas aushandeln will, sollte den Konflikt mit den Eltern wagen – auch wenn das manchmal schwer fällt", rät Braun.

(7) Vor so einem Gespräch sollten sich Jugendliche fragen, wie sie die Eltern überzeugen können, empfiehlt Ritzer-Sachs. Außerdem sucht man sich am besten einen ruhigen Moment, in dem die Eltern selbst entspannt sind, vielleicht sogar mit einem fest vereinbarten Termin.

Wer fürchtet, die Eltern könnten die Bitte abschlagen, ohne dass man sein Anliegen überhaupt richtig erklärt hat, kann auch Regeln für das Gespräch festlegen – etwa, dass er erst eine Viertelstunde zum Reden bekommt und die Eltern zuhören müssen. Das ist zwar nicht immer leicht, sagt Ritzer-Sachs. Aber auch bei Verhandlungen mit den Eltern gilt: Übung macht den Meister.

Aus: http://www.welt.de/gesundheit/psychologie/article150142580/Wie-das-Minenfeld-der-Peinlichkeit-umgangen-wird; Stand: 21.12.2015

[1] die Intimsphäre: der private Lebensbereich eines Menschen; die intimsten, innersten bzw. persönlichsten Gedanken und Gefühle

Lösungshilfen zu 1 – 16

1. Bevor du dich den Aufgaben zuwendest, solltest du das Textmaterial sorgfältig erschlossen haben:
   - unbekannte Begriffe sind geklärt,
   - Schlüsselwörter markiert,
   - Sinnabschnitte gebildet und Zwischenüberschriften formuliert.

   Oftmals sind die vorgegebenen Texte zu deiner Orientierung schon in Sinnabschnitte gegliedert.

2. Lies jede Aufgabe: Markiere dazu Verben und Schlüsselwörter. Achte darauf, ob in der Aufgabe Singular oder Plural verwendet wird. *Kreuze* die *richtige/n Antwort/en an*. So erhältst du einen Hinweis darauf, wie viele Antworten du ankreuzen musst.

Aufgaben 1 – 16

TIPP zu 1 bis 4

1. Die Aufgaben kannst du mithilfe deiner Vorarbeit (= Texterschließung) bearbeiten. Je genauer du Schlüsselwörter und Zwischenüberschriften formuliert hast, desto leichter kannst du dich zur Rückversicherung im Text orientieren.
2. Wenn deine Anzahl an Sinnabschnitten von der vorgegebenen Anzahl (vgl. Aufgabe 2) abweicht, fasse Abschnitte zusammen oder teile sie weiter auf.
3. Wenn du Textaussagen umschreiben sollst, formuliere in eigenen Worten und in ganzen Sätzen. Greife dazu den Wortlaut der Aufgabenstellung auf, z. B. Aufgabe 3: *Mit der Überschrift ist gemeint, dass ...*

1 Welche der folgenden Aussagen ist richtig? Beziehe dich dabei auf den Text. Kreuze die richtige Antwort an.
Laut Text ...

a)	gibt es Gesprächsthemen, die Eltern und Jugendlichen gleichermaßen peinlich sind.	
b)	sprechen Eltern mit ihren Kindern gerne offen über alle Probleme aus dem Alltag.	
c)	sind Jugendliche durchgängig gesprächsbereit, weil sie Tipps zum richtigen Handeln von ihren Eltern haben möchten.	

2 Der Text lässt sich in sieben Sinnabschnitte einteilen. Notiere zu jedem Sinnabschnitt eine passende Überschrift.

Abschnitt	Zeilenangaben	Überschrift
1	Z. 1 – 14	
2	Z. 15 – 29	
3	Z. 30 – 36	
4	Z. 37 – 49	
5	Z. 50 – 59	
6	Z. 60 – 65	
7	Z. 66 – 74	

3 Im Text heißt es in der Überschrift: *„Wie das Minenfeld der Peinlichkeit umgangen wird"*.

a) Kreuze an, welches sprachliche Gestaltungsmittel hier verwendet wird:
○ Personifikation ○ Alliteration ○ Euphemismus ○ Metapher ○ Antithese

b) Erkläre die Überschrift in eigenen Worten.

____

____

4 Im Text werden verschiedene Themen genannt, die Jugendlichen peinlich sind. Kreuze die richtigen Antworten an.

a)	schlechte Zensuren in der Schule	
b)	Kriminalität	
c)	erste Liebe	
d)	Sexualität	
e)	mobbende Mitschüler	
f)	gefährdete Versetzung	
g)	Diebstahl	
h)	Streit in der Familie	
i)	Trennung der Eltern	
j)	Drogenmissbrauch	

TIPP zu 5 bis 14

1. Wenn du Aufgaben zu einer bestimmten Textstelle bearbeiten sollst, lies noch einmal nach. Beachte auch die Passagen kurz vor und nach dieser Textstelle, z. B. Aufgaben 5 – 14.
2. Häufig werden dir auch Aufgaben zur formalen oder sprachlichen Gestaltung des Textes sowie zur Textart und ihrer Wirkungsweise gestellt. Schaue dir zur Bearbeitung dieser Aufgaben noch einmal die Quelle des Textes an und beachte die Schreibweise, z. B. Aufgaben 12 – 14.
3. Ebenso wird überprüft, ob du verstanden hast, warum der Autor den Text verfasst hat. Beachte dazu die Funktion des Textes: *unterhaltend, informativ, appellativ, argumentativ, expressiv* ..., z. B. Aufgabe 14.

5 In Zeile 12 wird von einer „Kultur des Erzählens“ gesprochen. Was ist damit gemeint? Kreuze die richtige Erklärung zu diesem Zitat an.

a)	Damit ist gemeint, dass Jugendliche den Eltern lieber von anderen Dingen erzählen, weil ihnen manches peinlich ist.	
b)	Jugendliche wollen ihren Eltern nicht alles anvertrauen. Deshalb erzählen sie ihnen nicht von allen Problemen.	
c)	Damit ist der rege Austausch zwischen Jugendlichen und Eltern über Probleme gemeint, die die Jugendlichen im Alltag beschäftigen.	

6 Erkläre mit eigenen Worten, welche Folgen eine solche „Erzählkultur“ haben kann.

____

____

7 In Zeile 22 heißt es: *„Jugendliche haben ein Recht auf Intimsphäre (...)“*. Kreuze an, welchen Vorschlag der Psychotherapeut Joachim Braun macht, um dennoch Gespräche zu ermöglichen.

a)	Jugendliche sollen sich ihren Freunden anvertrauen.	
b)	Jugendliche sollen mit ihren Lehrern reden.	
c)	Jugendliche sollen diese Dinge lieber für sich behalten.	

8 Welche Tipps gibt der Experte Joachim Braun bei Mobbing oder Ausgrenzung in der Schule? Kreuze an, welche Strategien im vierten Sinnabschnitt (Z. 37 – 49) empfohlen werden.

a)	Jugendliche sollten sich in jedem Fall den Eltern anvertrauen, denn nur dann können Eltern unterstützen.	
b)	Mobbing sollte man für sich behalten, da Eltern in der Schule nichts ausrichten können.	
c)	Jugendliche, Eltern und Lehrer sollten zusammenarbeiten und gemeinsam überlegen, wie man vorgehen könnte.	
d)	Im Fall von Mobbing in der Schule können nur Freunde helfen, denen man alles erzählen sollte.	
e)	Mobbing muss öffentlich gemacht werden, um es unterbinden zu können.	
f)	Jugendliche sollten vor dem Gespräch die Eltern darum bitten, in Ruhe erzählen zu können, ohne dass die Eltern sie unterbrechen.	

9 Nenne drei Gründe dafür, warum die Trennung oder die Scheidung der Eltern ein besonders sensibles Thema für viele Jugendlichen ist (Z. 50 – 59).

____

____

____

____

____

10 Der Text enthält viele Ratschläge dazu, wie Jugendliche sich auf schwierige Gespräche mit ihren Eltern vorbereiten können. Kreuze an, welche Strategien vom Verfasser vorgeschlagen werden.

a)	vor dem Gespräch Argumente sammeln	
b)	einen ruhigen Moment abwarten	
c)	die Eltern am besten abends ansprechen	
d)	ggf. einen festen Termin vereinbaren	
e)	Regeln für das Gespräch vereinbaren, z. B. feste Redezeiten	
f)	statt ein Gespräch zu führen, lieber einen Brief schreiben	
g)	Gespräche miteinander mehrmals üben	
h)	möglichst mit den Großeltern sprechen	
i)	Beratung von außen holen, wenn Gespräch mit Eltern nicht möglich	

11 Erkläre in diesem Zusammenhang die letzte Aussage des Textes in eigenen Worten: *„Übung macht den Meister."* (Z. 74).

____

____

____

____

____

12 Im Text werden verschiedene Experten zitiert. Kreuze an, aus welchen Bereichen diese stammen.

○ Erziehungsberatung ○ Schule ○ Psychotherapie ○ Familienberatung

13 Welche Funktion haben die Zitate im Text? Kreuze die richtigen Wirkungsweisen an.

a)	Die Zitate werden genutzt, um den Text ausführlicher und komplexer zu gestalten, denn die Probleme kennt jeder Leser schon.	
b)	Die Tipps und Ratschläge tragen dazu bei, dass die Darstellung im Text glaubwürdiger und fundierter wirkt.	
c)	Die Zitate der Experten machen den Text anschaulicher und deuten auf eine gute Recherche des Reporters hin.	
d)	Die Meinungen der Experten sind Hinweise, nach denen sich jeder Jugendliche richten muss, damit er keine Probleme bekommt.	

14 Kreuze an, um welche Textart es sich handelt.

○ Sachtext ○ Erzählung ○ Glosse ○ Leserbrief ○ Interview

15 Kreuze an, welche Absicht der Verfasser des Textes mit der Veröffentlichung verfolgt.

a)	Der Verfasser des Textes möchte vorrangig kritisieren, dass Jugendliche mit ihren Eltern zu wenig über ihre Alltagsprobleme reden, und darauf hinweisen, dass Eltern sich mehr Zeit für ihre Kinder nehmen sollen.	
b)	Der Autor möchte an die Jugendlichen appellieren, dass sie sich ihren Eltern gegenüber öffnen und häufiger über persönliche Probleme reden. Dabei versucht er davon zu überzeugen, alle Probleme offen zu thematisieren.	
c)	Im Text soll über die Alltagsprobleme Jugendlicher informiert und darüber aufgeklärt werden, welche Strategien zur Verbesserung der Gesprächskultur zwischen Jugendlichen und Eltern beitragen können.	

TIPP zu 16

1. Am Schluss sollst du zumeist zu einem Zitat aus dem Text oder zu einer Aussage eines Schülers Stellung nehmen. Mache dir zunächst klar, ob du diese Ansicht teilen kannst.
2. Notiere nachvollziehbare und stichhaltige Argumente, die deine Position stützen. Beziehe dich dabei auf Textaussagen. Gib dazu die betreffenden Zeilenangaben an, z. B. *„Im Text werden je nach Problem unterschiedliche Strategien empfohlen. Beispielsweise sollte man sich während der Trennung der Eltern lieber Beratung von außen holen (Z. 58), weil Eltern nicht objektiv sind."*

16 Eine Schülerin äußert sich über diesen Zeitungsartikel: *„Das sind mit Sicherheit gute Tipps. Doch enden die Gespräche mit meinen Eltern zumeist im Streit. Hier gibt der Text keine Hinweise dazu, wie ich das vermeiden kann."* Kannst du diese Meinung nachvollziehen? Begründe deine Position nachvollziehbar und beziehe dich dabei auf den Text.

○ Ja, ich bin auch dieser Meinung. ○ Nein, ich bin nicht dieser Meinung.

____

____

____

D 2 Leseverstehen: Charlottes Traum (selbstständiges Üben)

Teil I

Lies den Text sorgfältig durch. Bearbeite anschließend die Aufgaben 1 – 14.

Textauszug aus „Charlottes Traum" *Gabi Kreslehner (S. 14 – 16)*

Dass Liebe schrecklich weh tun kann, erfährt die 15-jährige Charlotte, als sich ihre Eltern trennen. Der Vater hat jetzt eine Neue, Babsi, die auch noch nett ist. Die Mutter tröstet sich mit dem Nachbar Melchior, während sich Charlotte um die kleinen Brüder kümmern darf. Neue Wohnung, neue Schule, neue Ersatzväter – Charlotte ist kurz vor dem Ausrasten. Doch dann laufen ihr plötzlich gleich zwei Jungs über den Weg ...

(1) In Omas Reihenhaus wurde es nach unserem Einzug eng. Wir waren aber auch einfach zu viele.
Oliver und Felix hatten sich im Zimmer von Onkel Bert verbarrikadiert, das störte niemanden. Onkel Bert am allerwenigsten, denn er saß in Amerika und machte Karriere und würde sein Kinderzimmer wahrscheinlich nicht mehr brauchen.
Ich bekam Mamas ehemaliges Zimmer. Als wir in der Tür standen, eine Reisetasche in jeder Hand, seufzte sie. „Weißt du, Charlotte, das ist jetzt, als ob ich in meine Kindheit eintauche. Irgendwie witzig."
Aber es war alles andere als witzig.
(2) Die Lampe unter der Bücherwand streute das Licht in einen Kreis wie eine Nebelsonne. Ich nahm Mama an der Hand und zog sie aufs Bett und da saßen wir dann und schauten in ihr Zimmer hinein.
„Mama", sagte ich. „Gehen wir gar nicht mehr zurück?" Sie schaute mich an. Lange. Dann schüttelte sie den Kopf. „Nein. Wohl gar nicht mehr."
Das war's. Irgendwann stand sie auf, ging zum Fenster, zog die Vorhänge zu. „Igitt! Die stehen ja vor Dreck. Die müssen wir unbedingt waschen."
Das taten wir am nächsten Tag, ich holte die Vorhänge herunter, große, grüne, schwere Teile, und Oma steckte sie in die Waschmaschine und anschließend hängten wir die wieder an die Fenster zum Trocknen.
(3) Die Jungs hüpften im Garten herum und taten einen auf *arme Waisen* und alle Nachbarn gingen ihnen auf den Leim.
„Mama", sagte ich, „du musst nicht arbeiten gehen, lass einfach die Jungs auf die Straße, die verdienen uns dumm und dämlich!"
Aber Mama zeigte mir den Vogel, sie hatte gerade keinen Sinn für Humor, denn am Abend hatte Felix gekotzt, der Dödel, nachdem er seine gesamte Beute auf einmal in sich hineingestopft hatte, zwei Tafeln Schokolade, ein Säckchen Gummibärchen und sechs Kaugummistreifen.
(4) Die Tussi hieß Barbara und war Papas Sekretärin.
Wenn sie wenigstens blöd gewesen wäre. Und hässlich und krötenhaft. Und unfreundlich. Und abartig. Aber leider war sie das nicht. Nichts davon.
Leider hatten wir sie vorher schon gekannt und gemocht.
Sie war immer superfreundlich gewesen, wenn wir Papa im Büro besuchten. Mit Oliver und mir quatschte sie über die Schule und mit Felix über den

Kindergarten und was wir uns zu Weihnachten wünschten und wo wir im Sommer hinfahren wollten und dass sie uns gern einmal besuchen würde, weil wir so tolle Kinder seien und unser Vater so ein Glück mit uns habe. Und wenn sie sich nach vorne beugte, dann waberte so ein Duft herunter, so ein Duft nach Frühling und schönen Blumen, und dem schnupperte man gerne nach.

Alle nannten sie Babsi, und sie war, wie man sich eine Babsi vorstellt. Lieb. Und nett. Und das machte von Anfang an, dass man sie nicht hassen konnte. Außerdem war Papa in sie verknallt und daran ließ sich nichts drehen und wenden. Natürlich wünschten wir sie jetzt auf den Mond! Und natürlich hätten wir sie gerne gehasst. Wirklich. Aber es ging nicht.

(5) Mama hatte nichts mehr, kein Haus, keinen Mann, nicht einmal ein richtiges Bett. Bloß eine Wohnzimmercouch.

Auf der lag sie anfangs ständig drauf und schaute sich alle Serien an, von *Grey's Anatomie* bis zu den *Gilmores*. Dabei fraß sie ständig vor sich hin. Alles, was ihr zwischen die Finger kam, saure Gurken, süße Torten, Chips, Tralala.

Wenn meine Brüder sich halb die Köpfe eingeschlagen hatten, zeigte sie auf mich und sagte: „Geht zur Charlotte. Charlotte macht das schon. Gell, Charlotte, du machst das schon. Du bist ja meine Große."

Aber ich machte das nicht. Ich haute ab. Raus aus dem Viertel, durch die Gassen, in die Au[1], zu unserem Haus. Da konnte ich traurig sein. Und zornig. Gott sei Dank fing Mama sich bald wieder, und dann meinte sie, unsere Tragödie sei keine, so etwas passiere jeden Tag tausend Mal, aber ich müsse ab jetzt auf meine Brüder aufpassen. Sie begann nämlich wieder zu arbeiten, das lenke sie ab, meinte sie, bloß mit meiner Freiheit war's vorbei.

(6) Meine Brüder führten sich auf wie Idioten, taten, was sie wollten. Felix war erst fünf und ging noch in den Kindergarten, Oliver war zwar schon neun und in der Schule, aber höchstens bis eins.

Also tschüs, süßes Leben!

Aus: Kreslehner, Gabi (2009): Charlottes Traum. Beltz & Gelberg, Weinheim und Basel.

[1] Au: grüne Wiese, hier: Straßenname

Aufgaben 1 - 14

1 Kreuze die richtige Antwort an. Bei dem Textauszug handelt es sich um folgende Textart:

☒ epischer Text ○ lyrischer Text ○ dramatischer Text

2 Kreuze die richtige Antwort an. Beachte dazu den gesamten Textauszug.
Der Textauszug stellt folgendes Thema dar:

a)	Veränderung der Wohnsituation nach der Trennung der Eltern	
b)	Emotionen der Kinder, nachdem sie zu ihrem Vater gezogen sind	
c)	allgemeine familiäre Veränderungen nach der Trennung der Eltern	X
d)	Probleme der Mutter, nachdem ihr Mann sie verlassen hat	

❸ Ordne den Sinnabschnitten die folgenden Überschriften zu und ergänze sie in der Tabelle:
~~*Vaters neue Freundin – Brüder benehmen sich schlecht – Mutter lenkt vom Thema ab – Mutter will sich ablenken – Brüder nutzen die Situation aus und ärgern die Nachbarn – Zimmerverteilung im Haus der Großmutter*~~

Abschnitt	Zeilenangaben	Überschrift
1	Z. 1 – 10	Zimmerverteilung im Haus der Groß-mutter
2	Z. 11 – 20	Mutter lenkt vom Thema ab
3	Z. 21 – 28	Brüder nutzen die Situation aus und ärgern die Nachbarn
4	Z. 29 – 45	Vaters neue Freundin
5	Z. 46 – 60	Mutter will sich ablenken
6	Z. 61 – 64	Brüder benehmen sich schlecht

❹ Kreuze die richtige Antwort an.
Mit der Aussage der Mutter: *„(...) das ist jetzt, als ob ich in meine Kindheit eintauche."* (Z. 8 – 9) ist gemeint, dass ...

a)	sie sich freut, wieder Kind sein zu dürfen.	
b)	sie wieder mit ihren alten Sachen spielt.	
c)	sie sich durch ihr Zimmer bei ihren Eltern in ihre Kindheit zurückversetzt fühlt.	X
d)	sie nicht gerne bei ihren Eltern ist.	

❺ Kreuze die richtige Antwort an.
Die Brüder Oliver und Felix *„(...) hüpften im Garten herum und taten einen auf arme Waisen und alle Nachbarn gingen ihnen auf den Leim."* (Z. 21 – 22). Diese Darstellung zeigt, dass ...

a)	sie wegen der Trennung der Eltern ganz traurig sind.	
b)	der Vater gestorben ist.	
c)	die Jungen trotz der Trennung fröhlich sind und die Situation ausnutzen, um die Nachbarn zu ärgern.	X
d)	die Nachbarn sich gar nicht um die Jungen kümmern.	

❻ Kreuze die richtige Antwort an.
Charlotte schlägt vor, die Mutter könne die Jungen zum Geldverdienen auf die Straße schicken (Z. 23 – 24), weil ...

a)	diese mehr verdienen als die Mutter.	
b)	sie ihre traurige Mutter aufheitern will.	
c)	Charlotte einen Spaß machen möchte.	
d)	die Jungen so viele Süßigkeiten bekommen haben.	X

7 Kreuze die richtigen Antworten an.
Die neue Freundin des Vaters …

a)	ist seine Sekretärin Barbarella.	
b)	findet Charlotte so nett, dass sie sie gerne mag.	X
c)	ist zu den Kindern unfreundlich, und keiner mag sie.	
d)	ist an den Kindern interessiert.	X
e)	heißt Babsi und arbeitet für ihn.	X
f)	mag überhaupt keine Kinder.	

8 Kreuze die richtigen Antworten an.
Wie verarbeitet die Mutter die neue Situation?

a)	Sie kommt mit der Situation gut zurecht, denn sie wohnen jetzt bei der Großmutter.	
b)	Die Mutter muss die Trennung vom Vater erst verarbeiten.	X
c)	Sie will sich ablenken. Das sieht man daran, dass sie zunächst nur noch fernsieht und ganz viel durcheinander isst.	X
d)	Sie versucht, einige ihrer Aufgaben auf Charlotte abzuwälzen.	X
e)	Die Mutter ist froh über die Trennung vom Vater, da er sie hintergangen hat. Das sieht man daran, dass sie Charlotte viel Verantwortung übergibt.	
f)	Sie ist so durcheinander, dass sie Streit mit der Großmutter anfängt und sich gar nicht mehr um die Kinder kümmert.	

9 Kreuze an, welche Familienmitglieder nun im Reihenhaus der Oma wohnen.

Charlotte (X) | Onkel Bert | Großmutter (X) | Babsi | Oliver (X)

Mutter (X) | Felix (X) | Vater | Großvater | Tante Clara

10 Kreuze an, welche Erzählform und welches Erzählverhalten die Autorin in dieser Textstelle verwendet.

a) Erzählform: ☒ Ich-Form ○ Er-/Sie-Form
b) Erzählverhalten: ○ auktorial ☒ personal ○ neutral

11 Erläutere, welche Wirkung durch Erzählform und -verhalten beim Leser erreicht wird.

Für den Leser soll es einfach sein, sich in Charlotte hineinzuversetzen.

____

____

____

12 In Zeile 10 heißt es: *„Aber es war alles andere als witzig."*

a) Um welches erzählerische Element handelt es sich hier? Kreuze die richtige Antwort an:
☒ Erzählerkommentar ○ innerer Monolog ○ wörtliche Rede

b) Erkläre in eigenen Worten, was mit dieser Aussage gemeint ist.

Charlottes Mutter fand es witzig, dass sie in ihr altes Kinderzimmer ziehen kann und Charlotte findet es im Gegenteil nicht witzig. Die Trennung, Umzug ins Haus und die allgemeine Situation ist sehr schlimm für sie. Aus diesem Grund findet sie nichts witzig.

13 *„Wenn sie wenigstens blöd gewesen wäre. Und hässlich und krötenhaft. Und unfreundlich. Und abartig. Aber leider war sie das nicht. Nichts davon."* (Z. 30 – 31)

a) Kreuze die richtigen Aussagen zur sprachlichen Gestaltung dieser Textpassage an.
Sie enthält ...
☒ Ellipsen ○ Anaphern ○ Hypotaxen ☒ Parataxen ○ Personifikationen

b) Kreuze die passende Beurteilung dieser Textpassage an.

a)	Durch den Satzbau und die sprachliche Gestaltung wirkt die Passage eher wie mündliches Erzählen. Das passt nicht zur Erzählweise des Jugendromans.	
b)	Die Sätze sind unvollständig und dadurch nur schwer verständlich. Sie passen nicht zu der fünfzehnjährigen Erzählerin.	
c)	Diese Textpassage ist in der Sprache der fünfzehnjährigen Ich-Erzählerin verfasst. Dadurch wirkt sie authentisch.	X

14 Eine Schülerin sagt nach dem Lesen des Textes: *„Ich finde, Charlotte geht zu locker mit der Trennung ihrer Eltern um."* Du kannst dieser Aussage zustimmen oder nicht. Wichtig ist, dass du deine Meinung begründest und dich auf mehrere Textaussagen beziehst.

○ Ja, ich bin auch dieser Meinung. ☒ Nein, ich bin nicht dieser Meinung.

Begründung: Ich finde dass sie mit dieser Situation normal umgeht, da sie ~~sehr~~ sehr traurig und sauer ist, weil sie gar keine Freizeit hat. Sie muss auf ihre Brüder aufpassen und das ist schlimm genug für sie. Aus diesem Grund denke ich nicht, dass sie zu locker mit der Situation umgeht.

D 3 Was wird bei der Aufgabenstellung „Analysiere ...“ erwartet?

1. Die Aufgabenstellungen unten stammen aus einer Prüfungsvorlage, bei der ein erzählender Text untersucht werden sollte. Lies die Aufgaben. (Achtung: Die zugehörigen Texte und Materialien findest du auf den Seiten 95 und 96).

❶ Analysiere den Textauszug aus „Eine Hand voller Sterne“ von Rafik Schami. Gehe dabei so vor:
- Schreibe eine Einleitung, in der du Titel, Autor und Erscheinungsjahr benennst und das Thema formulierst.
- Fasse den Inhalt des Textes kurz zusammen.
- *„Wir sollten ein festliches Mahl beschreiben.“* (Z. 5). Untersuche, wie die beiden Schüler mit der Aufgabe und den damit verbundenen Erwartungen ihres Lehrers umgehen. Berücksichtige auch die jeweiligen Wirkungen und Folgen der Aufsätze.
- Erläutere, durch welche sprachlichen und formalen Besonderheiten das Dargestellte dem Leser/der Leserin vermittelt wird (*mögliche Aspekte: Struktur des Textes, Gegensätze, Wortwahl, Satzbau, Aufzählungen*).

❷ Paul sagt nach dem Lesen des Textes: *„Ich schließe mich der Einschätzung des Ich-Erzählers an, dass Chalil den besten Aufsatz der Klasse geschrieben hat.“* Setze dich mit Pauls Aussage auseinander und überlege, ob du seine Einschätzung teilen kannst. Begründe deine Meinung und beziehe dich dabei auf den Text.

2. a) In der Aufgabenstellung oben ist zum Teil schon unterstrichen worden, was von dir erwartet wird. Unterstreiche auch in den weiteren Aufgaben, was du tun sollst. Die Operatoren geben dir Hinweise.
   b) Lies die Info rechts. Sie erklärt, was unter den Arbeitsanweisungen genau zu verstehen ist. Unterstreiche in der Info wichtige Stellen.

INFO zu 2.

benennen: Informationen zusammentragen
zusammenfassen: Inhalte in eigenen Worten wiedergeben
beschreiben: Textaussagen oder Sachverhalte in eigenen Worten strukturiert wiedergeben
erläutern: Textaussagen auf der Basis von Kenntnissen und Einsichten darstellen und durch Informationen und Beispiele veranschaulichen
erklären: Textaussagen, Sachverhalte auf der Basis von Kenntnissen und Einsichten darstellen
Stellung nehmen: eine Problemstellung, einen Sachverhalt auf der Grundlage von Kenntnissen, Einsichten und Erfahrungen kritisch prüfen und die Einschätzung sorgfältig abwägend formulieren
begründen: eigene Aussagen erklären, z. B. durch Konjunktionen (*weil, denn, ...*) einleiten

3. a) Lies die Aufgabenstellungen oben noch einmal.
   b) Woran erkennst du an den Aufgabenstellungen zu ❶ dass du dich auf den Text beziehen musst?
   c) Woran erkennst du an der Aufgabenstellung zu ❷, dass du die Textstelle bewerten sollst?

INFO zu 3.

Um einen erzählenden Text zu verstehen, musst du ihn ***analysieren***:
- Um welche Textsorte handelt es sich?
- Wo und wann spielt die Handlung?
- Welche Personen sind wichtig?
- In welchem Verhältnis stehen sie zueinander?
- Wie ist die Handlung aufgebaut?
- Wie wird erzählt (Erzählform und -verhalten)?
- Welche sprachlichen Besonderheiten fallen auf und welche Funktion haben sie?

Zur Analyse gehört auch die ***Deutung***. Dazu beantwortest du folgende Fragen:
- Welche Wirkung hat der Text auf den Leser?
- Mit welcher Absicht wurde er geschrieben?
- Welches Problem macht der Text deutlich?

D 4 Aufgabentyp 4a: Einen Text analysieren und interpretieren

Hier erhältst du eine Übersicht zur **Vorgehensweise bei der Bearbeitung der Schreibaufgabe zum Aufgabentyp 4a**. Die blau markierten Wörter (Arbeitstechniken, Operatoren, Fachbegriffe) kannst du im Glossar (S. 140) oder den Kapiteln B 6 und B 7 (ab S. 34 bzw. S. 42) und D 3 (S. 92) nachschlagen. Bei der Bearbeitung der Aufgabenstellungen in den Kapiteln D 6 – D 8 kannst du dich an der Übersicht orientieren.

Sechs Schritte zur Bearbeitung der Aufgabenstellung

1. Schritt: Sich orientieren
- Aufgabenstellung und Teilaufgaben lesen
- Teilaufgaben und **Operatoren** erfassen
- Schreibziel erkennen (→ **analysieren**)

↓

2. Schritt: Text erschließen und Inhalt erfassen
- Text lesen, unbekannte Begriffe und Ausdrücke klären (Wörterbuch, Sinnzusammenhang)
- **Schlüsselwörter** und **-stellen** markieren
- Sinnabschnitte bilden und Zwischenüberschriften formulieren
- Stichworte zum Inhalt machen
- Beobachtungen zu den formalen und sprachlichen Merkmalen der Textart (**episch, lyrisch, dramatisch** oder **Sachtext**) notieren und deren Wirkungsweise festhalten

↓

3. Schritt: Schreibplan anlegen
- Tabelle anlegen (nach Teilaufgaben gliedern)

↓

4. Schritt: Text untersuchen und Sichworte im Schreibplan festhalten
- Informationen für Einleitung notieren: **TATTE**-Satz (**T**itel, **A**utor, **T**extart, **E**rscheinungsjahr und **T**hema)
- Inhalt **zusammenfassen**: Handlung stichpunktartig notieren
- Aufgaben zu Inhalt und Form stichpunktartig bearbeiten und passende Textbelege notieren
- zu einer Aussage/einem Zitat **Stellung nehmen** oder einen Text aus Sicht einer Figur verfassen

↓

5. Schritt: Text schreiben/Analyse verfassen

Inhalt:
- zusammenhängenden Text verfassen
- Einleitung formulieren
- Inhalt mit eigenen Worten zusammenfassen
- Zusammenhang zwischen Inhalt und Form aufgabengeleitet darstellen
- zu einer Aussage/einem Zitat Stellung nehmen oder einen Text aus Sicht einer Figur verfassen

Darstellung:
- **Präsens** verwenden (bei Vorzeitigkeit: **Perfekt**)
- Beobachtungen belegen, **Zitiertechniken** beachten
- nach Teilaufgaben Absätze einfügen
- Überleitungen formulieren
- in eigenen Worten formulieren

↓

6. Schritt: Text überarbeiten
- Einleitung vollständig?
- Inhalt richtig und mit eigenen Worten zusammengefasst?
- Alle Teilaufgaben berücksichtigt (→ **Operatoren**)?
- Stellungnahme auf das Zitat/die Aussage abgestimmt oder Text aus Sicht einer Figur verfasst?
- Im **Präsens** geschrieben?
- **Rechtschreibung, Zeichensetzung, Grammatik** korrekt?

D 5 Schreibplan zu Aufgabentyp 4a

Nutze diesen Schreibplan zur Planung deines analysierenden Textes. Ergänze in der linken Spalte die Operatoren und Schlüsselwörter aus den Teilaufgaben und notiere in der rechten Spalte stichwortartig deine Ergebnisse mit passenden Textbelegen. Überflüssige Zeilen streichst du.

Teilaufgaben	Stichworte zur Bearbeitung
1 a) Einleitung: TATTE-Satz	Titel: ___ Autor: ___ Textart: ___ Erscheinungsjahr: ___ Thema: ___
1 b) Inhalt zusammenfassen	___ ___ ___
1 c) Aufgabe zu Form und/oder Inhalt	___ ___ ___
1 d) Aufgabe zu Form und/oder Inhalt	___ ___ ___
1 e) Aufgabe zu Form und/oder Inhalt	___ ___ ___
1 f) Stellungnahme <u>oder</u> Text aus Sicht einer Figur	___ ___ ___

D 6 Aufgabentyp 4a: Textauszug aus Rafik Schami: Eine Hand voller Sterne (angeleitetes Üben)

Teil II

Lies bitte zunächst den Text, bevor du die Aufgaben bearbeitest.
Schreibe einen zusammenhängenden Text.

1. **Analysiere** den Textauszug aus „Eine Hand voller Sterne" von Rafik Schami. Gehe dabei so vor:

   - **Schreibe** eine Einleitung, in der du Titel, Autor und Erscheinungsjahr **benennst** und das Thema **formulierst**.
   - **Fasse** den Inhalt des Textes kurz **zusammen**.
   - *„Wir sollten ein festliches Mahl beschreiben."* (Z. 5)
     Untersuche, wie die beiden Schüler mit der Aufgabe und den damit verbundenen Erwartungen ihres Lehrers umgehen. Berücksichtige auch die jeweiligen Wirkungen und Folgen der Aufsätze.
   - **Erläutere**, durch welche sprachlichen und formalen Besonderheiten das Dargestellte dem Leser/der Leserin vermittelt wird (*mögliche Aspekte: Struktur des Textes, Gegensätze, Wortwahl, Satzbau, Aufzählungen*).

2. Paul sagt nach dem Lesen des Textes: *„Ich schließe mich der Einschätzung des Ich-Erzählers an, dass Chalil den besten Aufsatz der Klasse geschrieben hat."*
   Setze dich mit Pauls Aussage **auseinander** und überlege, ob du seine Einschätzung teilen kannst. **Begründe** deine Meinung und beziehe dich dabei auf den Text.

Quelle Aufgaben: Ministerium für Schule und Weiterbildung des Landes Nordrhein-Westfalen, Düsseldorf 2011

Eine Hand voller Sterne (Textauszug)

Rafik Schami

Rafik Schamis Roman „Eine Hand voller Sterne" erzählt die Geschichte eines 15-jährigen Jungen, der in Damaskus (Syrien) als Bäckerssohn aufwächst. Er erzählt in der Form eines Tagebuchs von der Stadt Damaskus, seinen Freunden, persönlichen Gefühlen und Erlebnissen sowie politischen Ereignissen. Am 20. März erinnert er sich an seinen alten Lehrer, der besondere Erwartungen an Aufsätze hatte.

Er wollte immer märchenhafte Feste, Geburtstage und Erlebnisse haben. Von uns hat doch noch nie jemand einen besonderen Geburtstag oder ein großes Fest erlebt.
Ich werde den Schüler nie vergessen, der meiner Meinung nach den besten Aufsatz geschrieben hat. Wir sollten ein festliches Mahl beschreiben. Wenn Gäste kommen – und sie erscheinen oft plötzlich –, teilt meine Mutter alles unter den Anwesenden auf. Ich habe das Gefühl, dass meine Mutter immer

so viel kocht, als erwarte sie Besuch. Wenn also Gäste da sind, essen wir mit ihnen, und mein Vater trinkt aus Liebe zum Besucher einen zweiten Arrak[1], damit der Gast auch etwas trinkt.

Wenn ich das ehrlich geschrieben hätte, wäre nicht einmal eine Vier dabei rausgekommen. Ich rannte also zu Onkel Salim, denn er hat mit seiner Kutsche viele feine Gäste zu Feiern und Festen gebracht. Dort ist er oft in die Küche geschlichen und hat mit den Köchen und dem Hauspersonal gegessen. Er konnte mir genau beschreiben, was und wie alles serviert wurde, was die Leute trinken und worüber sie reden. Onkel Salim ließ einige Paschas[2] und Prinzen aufmarschieren, die es in Syrien nicht mehr gibt, aber die habe ich durch den Polizeivorsteher und sogar durch einen Richter ersetzt (kein Richter hat unsere Wohnung je gesehen!). Meine Mutter hat ihnen angeblich eine gebratene Gazelle[3], gefüllt mit Mandeln, Reis und Rosinen, serviert. Ich vergaß auch nicht, die lobenden Worte des Richters über die Küche und den Arrak meiner Eltern zu erwähnen. Es war komisch, ein trockenes Brot für die Pause im Schulranzen[4] zu haben und von gebratenen Gazellen zu sprechen. Keiner meiner Mitschüler lachte, sie schauten mich eher mit offenem Mund an. Ich bekam eine Zwei und hörte genauso verblödet den Geschichten über die Feiern der anderen zu, wo auf einmal Bischöfe, Generäle, Dichter und Händler sich die Hände in unseren ärmlichen Buden reichten.

Nur Chalil spielte nicht mit. Als er an die Reihe kam, erzählte er, was passiert war, als er seine Eltern gefragt hatte, was ein Festessen sei. Seine Mutter war gleich ins Schwärmen geraten und dabei gleich auf ihr Pech zu sprechen gekommen, so einen armen Mann geheiratet zu haben, obwohl sie als junges Mädchen von viel reicheren umworben worden sei. Der Vater hatte zornig und verletzt reagiert und gesagt, dass er schon längst ein reicher Mann wäre, wenn er nicht dauernd ihre gefräßige Familie (zwölf Geschwister, Vater, Mutter und den Großvater) durchfüttern müsste. Sein Kollege habe eine gute Frau und mit demselben Gehalt haben sie inzwischen zwei Häuser gebaut. Die Mutter hat den Vater angeschrien, dass ihre Eltern immer viel mitbringen, wenn sie kommen, und dass er sich lieber keinen Arrak kaufen solle. Dann hätte er schon längst die Groschen[5] zusammenkratzen und sich ein Haus kaufen können. Sie haben lange gestritten und jeder von uns sah seine Familie wie in einem Spiegel.

Chalil schloss seinen Bericht mit dem Satz: „Ich habe geschworen, dass ich meine Eltern nie mehr nach einem Festessen fragen werde, damit sie sich nicht scheiden lassen!“

Der Lehrer gab ihm eine Sechs, „Thema verfehlt“. Chalil kam am nächsten Tag nicht mehr. Er ist jetzt bei einem Automechaniker.

Quelle: Rafik Schami: Eine Hand voller Sterne. © 1987 Beltz & Gelberg in der Verlagsgruppe Beltz, Weinheim/Basel S. 10–12

[1] Arrak: alkoholisches Getränk
[2] Pascha: türkischer Titel für einen hohen Beamten
[3] Gazelle: Tier, das in Afrika und Asien beheimatet ist
[4] Schulranzen: Schultasche
[5] Groschen: hier: Geld

Lösungshilfen zu 1 a) – 1 b)

1. Führe den ersten Bearbeitungsschritt durch (vgl. dazu B 6: Sich orientieren).

2. Erschließe den Text mit der Lesemethode für literarische Texte (vgl. B 2, S. 19) und schreibe deine Notizen an den Rand.

3. Sammle Stichworte zum Thema.

   Bewertung eines Schulaufsatzes; Leben in Syrien; Kritik am Verhalten des Lehrers ...

4. a) Lege dir einen Schreibplan zur Planung deines Textes an. Orientiere dich dabei am dritten Schritt (vgl. B 6, S. 37). Du kannst auch die Vorlage aus D 4 (S. 94) verwenden.
   b) Ergänze deine Stichworte zu den Aufgaben 1 a und 1 b in den ersten beiden Zeilen.

Lösungshilfen zu 1 c)

5. Unterstreiche das in der Aufgabe angegebene Zitat und erkläre zunächst in eigenen Worten, welche Aufgabe die Schüler erledigen müssen. Stelle auch dar, was der Lehrer dabei nicht bedenkt. Ergänze deine Ergebnisse in der dritten Zeile deines Schreibplans. Beginne so:

   – Aufgabe des Lehrers lautet, ein festliches Mahl in der Familie (Z. 5) in einem Aufsatz zu beschreiben
   – Aufgabe ist schwierig, da ...

TIPP zu 5. – 7.

1. Die Aufgaben (hier 1 c) können auch mehrere Bearbeitungsschritte enthalten. So wird dir die Gliederung deines Textes im Prinzip schon durch die Formulierung der Teilaufgaben vorgegeben.
2. Wichtig ist, dass du die einzelnen Arbeitsschritte erkennst und sie in deinen Schreibplan aufnimmst. Hier bedeutet das:
   - Erläuterung der Aufgabe des Lehrers; Hinweis darauf, was der Lehrer dabei nicht bedenkt,
   - Darstellung der unterschiedlichen Herangehensweisen der Schüler (Ich-Erzähler, Chalil) und Umgang mit der Erwartungshaltung des Lehrers,
   - Darstellung der Wirkungen und Folgen der unterschiedlichen Vorgehensweisen.
3. In dieser Aufgabe werden keine Textbelege erwartet. Dennoch kannst du Zeilenangaben machen, um deine Ergebnisse zu belegen.

6. Stelle dar, welche unterschiedlichen Herangehensweisen im Tagebucheintrag abgebildet werden, und beziehe dazu auch ein, wie unterschiedlich beide Jungen mit der Erwartungshaltung des Lehrers umgehen. Ergänze deine Notizen ebenfalls in der dritten Spalte des Schreibplans.

   – Ich-Erzähler: wendet sich an seinen Onkel Salim (Z. 12), um die Aufgabe erledigen zu können, denn er kann selbst nichts zu feierlichen Ereignissen erzählen (Z. 5 – 10); der Onkel ist Kutscher und hat für feine Leute gearbeitet (Z. 12 – 13); daher kann er ... / er verändert die Realität (Z. 18 – 21), weil er weiß, was der Lehrer von ihm erwartet; er glaubt, dass der Lehrer ihm eine Vier gegeben hätte, wenn er nur die Realität dargestellt hätte (Z. 11 – 12); also ...

– Chalil: erzählt in seinem Aufsatz, wie es aufgrund der Aufgabe zu einem Streit zwischen seinen Eltern gekommen sei (Z. 29 – 42), denn ...; somit kann er sich zu Hause keine Informationen zu einem Festmahl beschaffen ... / „Chalil spielte nicht mit.“, Z. 29, d. h. er schildert die realen ärmlichen Verhältnisse, in denen seine Familie lebt; dafür ...

7. Fasse die jeweiligen Wirkungen und Folgen der Aufsätze noch einmal zusammen (dritte Zeile des Schreibplans).

– der Ich-Erzähler, der eine rein fiktive Geschichte erzählt, erhält vom Lehrer eine Zwei (Z. 25); damit belohnt dieser die Lügen des Ich-Erzählers; er selber bewertet sein Lügen eindeutig: „[...] und hörte genauso verblödet den Geschichten der anderen zu [...]“; ...
– Chalil bekommt eine Sechs, obwohl ...

Lösungshilfen zu 1 d)

8. a) Lies noch einmal den Textauszug. Markiere sprachliche und formale Besonderheiten (Struktur, Gegensätze, Wortwahl, Satzbau und Aufzählungen). Beachte auch Erzählform und Erzählverhalten. Mache dir Notizen zur Benennung dieser Merkmale sowie zur ihrer Wirkung.
b) Ergänze die von dir ermittelten Merkmale und ihre Wirkung im Schreibplan (vierte Zeile).

– Autor nutzt die Ich-Erzählform und ein personales Erzählverhalten; der Ich-Erzähler ist erlebendes und vermittelndes Ich zugleich (Tagebucheintrag) → geschildertes Erlebnis wirkt authentisch und glaubhaft; wichtig für die Kritik am Lehrer und somit am Schulsystem und an der Gesellschaft
– Ich-Erzähler leitet mit einer Bewertung in die Darstellung des Ereignisses ein: „Ich werde den Schüler nie vegessen, der meiner Meinung nach den besten Aufsatz geschrieben hat.“ (Z. 4 – 5) → indirekt wird Bewunderung deutlich, aber auch Unverständnis darüber, dass Lügen im Schulsystem belohnt werden, denn der Erzähler erhält für seinen ausgedachten Aufsatz eine Zwei (Z. 25), Chalil, der die Realität schildert, eine Sechs (Z. 46)
– gegensätzliche Schilderung des Ich-Erzählers (Z. 18 – 22) und durch Chalil (Z. 29 – 42)
– Ich-Erzähler verändert die Wortwahl in den Geschichten des Onkels (Z. 16 – 19) ...

TIPP zu 8.

1. In den Aufgaben des Hauptteils musst du auch immer formale und sprachliche Gestaltungsmittel herausarbeiten, da sie die Wirkung und damit auch die Textaussage bedingen.
2. Lies dazu den vorgegebenen Text noch einmal und markiere formale und sprachliche Besonderheiten. Oftmals findest du Hinweise darauf, worauf du achten musst, in der Teilaufgabe unter dem Hinweis: *mögliche Aspekte*. Du kannst auch noch weitere Merkmale erarbeiten.
3. Notiere ihre Wirkungsweise am Rand.
4. Ergänze zu jeder Beobachtung Textbelege in Klammern oder zitiere wörtlich, um deine Ergebnisse anschaulicher zu gestalten.

Lösungshilfen zu 2

9. a) Lies noch einmal die Aussage in der letzten Teilaufgabe, mit der du dich auseinandersetzen sollst (hier: Aufgabe 2).
   b) Kannst du diese Bewertung teilen?
   c) Sammle in der letzten Zeile deines Schreibplans Aspekte, die deine Position stützen, und entfalte sie zu Argumenten. Beziehe dich dabei auf den Text. Zum Beispiel:

Ich teile diesen Standpunkt:
– Chalil hat ehrlich über seine ärmliche häusliche Situation geschrieben (Z. 29 – 42)
– hat Mut, sich den Erwartungen des Lehrers zu widersetzen; riskiert Bestrafung durch schlechte Bewertung (Z. 46)
– kritisiert den indirekt Lehrer, er zeigt ihm, dass Aufgabe nicht der Lebenswirklichkeit der Schüler entspricht ...

TIPP zu 9.

1. In der letzten Aufgabe musst du entweder zu einem Zitat aus dem Text oder zu einer Aussage zum Text Stellung nehmen. Gehe dazu so vor:
   - Gib die Aussage, zu der du Stellung nehmen sollst, wieder und erläutere sie, wenn nötig.
   - Stelle deine eigene Position dazu dar und begründe, warum du ebenfalls dieser Meinung bist oder warum du die Meinung nicht teilen kannst. Du kannst auch einen Kompromiss erarbeiten.
   - Beziehe dich in deiner Argumentation auf den Text, indem du Textbelege heranziehst.
   - Formuliere ein eindeutiges Fazit.
2. Nutze folgende Formulierungen: *Meiner Ansicht nach .../ Ich bin der Meinung, dass .../Ich vertrete den Standpunkt, dass .../Einerseits .../andererseits .../Daraus folgt .../ Sicherlich muss man auch bedenken .../Außerdem ist anzumerken, dass .../Folglich kann ich festhalten, dass .../ Zusammenfassend ...*

Lösungshilfen zum Schreiben

10. Formuliere deinen Textentwurf nach deinem Schreibplan in ganzen Sätzen. Setze nach der Erarbeitung jeder Teilaufgabe einen Absatz. Wenn eine Teilaufgabe mehrere Gliederungsaspekte enthält, kannst du auch mehrere Absätze setzen. Das erleichtert das Lesen und zeigt eine durchgängige Struktur. Beginne so:

In dem vorliegenden Auszug aus dem Jugendroman „Eine Hand voller Sterne“ aus dem Jahre 1987 übt der Autor Rafik Schami durch die Darstellung einer wenig realistischen Aufsatzbewertung in der Schule Kritik am Schulsystem – und damit am gesellschaftlichen und auch politischen System in Syrien. Er lässt einen 15-jährigen Jungen im Roman in Form eines Tagebuchs erzählen.
Der Ich-Erzähler soll einen Aufsatz über ein Festmahl schreiben. Da er weiß, dass ...

11. Überarbeite deinen Textentwurf mithilfe der CHECKLISTE auf Seite 41.

D 7 Aufgabentyp 4a: Theda Jacoba Olsen: Ich, meine Schwester (selbstständiges Üben)

Teil II

Lies bitte zunächst den Text, bevor du die Aufgaben bearbeitest.
Schreibe einen zusammenhängenden Text.

Analysiere den Text „Ich, meine Schwester" von Theda Jacoba Olsen. Gehe dabei so vor:

- **Schreibe** eine Einleitung, in der du Titel, Autorin, Textart und Erscheinungsjahr **benennst** und das Thema **formulierst**.
- **Fasse** den Inhalt des Textes mit eigenen Worten **zusammen**.
- **Beschreibe**, wie sich Solveig vor dem Wiedersehen mit ihrer Schwester fühlt und welche Bedenken sie hat. **Erläutere** deine Beobachtungen durch formale und sprachliche Gestaltungsmittel (*mögliche Aspekte*: *Erzählform und -verhalten, Rückblick, Vergleich, Aufzählung, Metapher, Satzbau*).
- **Erläutere**, welche von Solveigs Bedenken sich nach dem Eintreffen der Schwester bewahrheiten. Ziehe dazu Textbelege heran.
- **Erkläre**, was die Autorin mit dem letzten Abschnitt des Textes verdeutlichen will (Z. 118 – 134).
- **Verfasse** einen kurzen Text aus der Sicht von Solveig.
  - Woran denkt Solveig, als sie im Auto auf der Fahrt zum Flughafen sitzt?
  - Wie verändern sich ihre Gefühle zwischen dem Empfang von Linda und der Fahrt nach Hause?

  Schreibe in der Ich-Form und berücksichtige die Informationen, die der Textauszug gibt.

Ich, meine Schwester (1996) *Theda Jacoba Olsen*

Nun war das Jahr um. Vor einem Jahr war Linda davongeflogen. Heute würde sie wiederkommen. Wie sehr hatte Solveig diesen Tag herbeigesehnt, wie sehr hatte sie diesen Tag gefürchtet. Und auch jetzt, während der Fahrt zum Flughafen, weiß sie noch nicht, was überwiegt: die Freude? Oder die Furcht? Die Furcht, wieder den zweiten Platz einnehmen zu müssen. Neben dem neuen Ruhm ihrer großen Schwester unscheinbarer denn je auszusehen: wie farbloses Glas, Glas aus gepresstem Glas, ein Gefäß mit wechselnden Flüssigkeiten, leer oder gefüllt nach Belieben der anderen, durchsichtig, zerbrechlich.

Das Auto verlässt die Innenstadt und reiht sich in die Karawane[1] der Pendler ein, die um diese Zeit die Ausfallstraßen[2] bevölkern. Der Flughafen liegt vor der Stadt.

Vor einem Jahr ist Solveig diese Strecke zuletzt gefahren. Links neben ihr hatte Linda gesessen, ohne Pausen und Satzzeichen redend, mit vorgebeugtem Oberkörper, vibrierend vor Aufregung und Ungeduld und Spannung. Sie hatten viel gelacht während der Fahrt. Ihre Mutter hatte sich ständig zu Linda umgedreht und gefragt: „Hast du auch die Geschenke eingepackt? Dein Pass, wo ist dein Pass? Vergiss ja nicht, wenigstens ab und zu einen Brief zu schreiben. Hast du Fieber, du siehst so verschwitzt aus …" Sie waren alle aufgeregt gewesen. So, als ob nicht nur Linda nach Amerika fliegen würde, sondern die ganze Familie … (…) Solveig war stolz gewesen auf ihre Schwester. Und ein wenig neidisch. Linda war eine von acht auserwählten Schülern, die ein Jahr in Amerika zur Schule gehen durften.

Das Auto biegt in das Flughafengelände ein. Die Wolken sind leer geregnet. Nur noch vereinzelt fällt Wasser auf die Erde, stattdessen strömt Sonnenlicht durch die Zweige der in Reihen angepflanzten, schmächtigen Bäumchen. Sie wachsen noch. Solveigs Mutter eilt voran. Ihre große Tochter kommt wieder!

Solveig schaut an sich herunter. Sie hat eine weiße Jacke an und eine neue, indigoblaue[3] Jeans. Im letzten Jahr sind ihr drei Hosen zu kurz geworden. Einen BH braucht sie immer noch nicht. Sie geht still ihren Eltern nach. Man sieht ihr nichts an, aber in ihr ist ein Tumult[4], ein angenehmes Prickeln. Geburtstagsstimmung, Lotteriefieber, Zeugnisausgabe, ein geheimnisvoller Brief ohne Absender. Ein Frei-Flugschein (...)

Energisch bleibt Solveigs Mutter stehen. Sie sind da. Hier werden sie Linda begrüßen. Um sie herum warten andere Grüppchen, andere unvollständige Familien, Mütter mit gereckten Hälsen, pseudogelassene Väter in breitbeiniger Stellung, Kaugummi kauende Brüder. Plötzlich fühlt sie den schweren, weichen Arm ihrer Mutter um ihre Schultern. „Na, dir hat es wohl völlig die Sprache verschlagen?" Solveig schüttelt den Kopf und lehnt sich in die Rundung. Soll Linda doch kommen! Und da kommt sie!

Der Stimmpegel[5] steigt, die wartenden Menschen geraten in Bewegung, die Zollsperre spuckt die Ankömmlinge aus. „Linda, hier, hier!" Solveigs Mutter lässt Solveig los und reißt die Arme hoch. Ist sie das tatsächlich, dieses stämmige Mädchen mit dem gebräunten, runden Gesicht, in der ausgewaschenen Latzhose? Ihre Haare sind kurz geschnitten und die Ellenbogen etwas schorfig[6] und gerötet ... Jetzt reden alle durcheinander. Solveigs Mutter drückt Linda an sich, wieder und wieder. „Hi, Solly, Solly, deine Haare sind aber lang geworden ..." Linda hat etwas Mundgeruch, sie fühlt sich anders an, fleischiger und strammer, hinter ihren Ohren riecht es süßlich, pudrig, verschwitzt ... Solveig muss lachen, ihr Vater räuspert sich und sagt: „Na bitte." Benno springt von einem Fuß auf den anderen und skandiert: „Lin-da, Lin-da, Lin-da."

Und im Auto redet sie wieder ohne Unterlass, ohne Komma und ohne Punkt, vom Rückflug, auf dem sie keine Minute geschlafen hat, von ihrer amerikanischen Mom und ihrem amerikanischen Dad, von Moms großartigem Rezept für Tomatopudding[7], von ihrer Abschiedsparty, vom Tokeneke Beach Club[8] ... gelegentlich benutzt sie eine amerikanische Redewendung.

Solveigs Aufregung hat sich zu einem kleinen, festen Klumpen in der Magengrube zusammengeballt. Sie schaut an Lindas Profil vorbei aus dem Fenster hinaus. Eine Erinnerung kommt: an einen verwilderten, schattigen Winkel hinter dem Haus ihrer Tante, wo Sträucher und Blumen wuchsen, wie sie wollten. Dort gab es die Pflänzchen, die aus eigener Kraft nicht hochwachsen können, sie ranken um dicke Stämme und Äste dem Himmel zu, sie bedecken deren Rinde mit tassengroßen, fedrigen Blüten. Sie sind wunderschön. Ohne den Baumstamm aber bleiben sie am Boden.

Quelle: Bender, Anne (Hrsg.): Einfach stark! Geschichten für Mädchen in den besten Jahren. München: Deutscher Taschenbuch Verlag 1996

[1] Karawane: hier: Autoschlange; [2] Ausfallstraßen: Straßen, die aus der Stadt herausführen; [3] indigoblau: tiefes Blau (mit der Mischfarbe violett), das aus einer tropischen Pflanze gewonnen wird; [4] Tumult: lautes Durcheinander; [5] Stimmpegel: Lautstärke der Stimme(n); [6] schorfig: Haut mit Kruste; [7] Tomatopudding: Auflauf aus Tomaten, [8] Tokeneke Beach Club: Strandclub

D 8 Aufgabentyp 4a: Namika: Lieblingsmensch (selbstständiges Üben)

Teil II

Lies bitte zunächst den Text, bevor du die Aufgaben bearbeitest.
Schreibe einen zusammenhängenden Text.

Analysiere den Text „Lieblingsmensch" von Namika. Gehe dabei so vor:

- **Schreibe** eine Einleitung, in der du Titel, Autor, Textart und Erscheinungsjahr **benennst** und das Thema **formulierst**.
- **Fasse** den Inhalt des Textes mit eigenen Worten kurz **zusammen**.
- **Untersuche**, welche positiven Eigenschaften und Vorzüge das lyrische Ich an dem Angesprochenen schätzt und wie diese durch formale und sprachliche Gestaltungsmittel verdeutlicht werden (*mögliche Aspekte: Textart und -aufbau, Vergleich, Metapher*).
- **Erkläre** die folgende Aussage aus dem Refrain: *„Bei dir kann ich ich sein, verträumt und verrückt sein."* (Z. 15/16) und **erläutere** daraus resultierend die Bedeutung der Beziehung zwischen dem lyrischen Ich und dem „Lieblingsmenschen".
- Eine Mitschülerin sagt über den Text: *„So einen Lieblingsmenschen an seiner Seite zu haben, ist für jeden wichtig. Diese Rolle kann prinzipiell jeder ausfüllen."*
  Setze dich mit der Aussage **auseinander** und überlege, ob du diese Einschätzung teilen kannst. **Begründe** deine Meinung und beziehe dich dabei auf den Text.

Lieblingsmensch (2015) *Namika*

Manchmal fühl ich mich hier falsch,
wie ein Segelschiff im All.
Aber bist du mit mir an Bord,
bin ich gerne durchgeknallt.
Selbst der Stau auf der A2,
ist mit dir blitzschnell vorbei.
Und die Plörre von der Tanke[1],
schmeckt wie Kaffee auf Hawaii.

Auch wenn ich schweig', du weißt Bescheid.
Ich brauch gar nichts sagen, ein Blick reicht.
Und wird uns der Alltag hier zu grau,
pack' ich dich ein, wir sind dann mal raus!

Hallo Lieblingsmensch!
Ein Riesenkompliment, dafür dass du mich so gut kennst.
Bei dir kann ich ich sein,
verträumt und verrückt sein
na na na na na na – Danke Lieblingsmensch!
Schön, dass wir uns kennen.

Absolut niemand darf's erfahren,
aber dir vertrau ich's an,
weil du's sicher aufbewahrst:
Meine Area 51[2].

Und manchmal drehen wir uns im Kreis,
aus 'ner Kleinigkeit wird Streit,
aber mehr als 5 Minuten,
kann ich dir nicht böse sein.

Mach ich dir was vor, fällt's dir sofort auf.
Lass ich mich hängen, dann baust du mich auf.
Manchmal wiegt der Alltag schwer wie Blei,
doch sind wir zu zweit, scheint alles so leicht.

Hallo Lieblingsmensch!
Ein Riesenkompliment, dafür dass du mich so gut kennst.
Bei dir kann ich ich sein,
verträumt und verrückt sein
na na na na na na – Danke Lieblingsmensch!
Schön, dass wir uns kennen.

Zeiten ändern sich und wir uns gleich mit.
Du und ich, so jung auf diesem alten Polaroidbild[3].
Das letzte Mal als wir uns sahen, ist viel zu lang her,
doch jetzt lachen wir, als wenn du nie weggewesen wärst.

Hallo Lieblingsmensch!
Ein Riesenkompliment, dafür dass du mich so gut kennst.
Bei dir kann ich ich sein
verträumt und verrückt sein
na na na na na na – Danke Lieblingsmensch!
Schön, dass wir uns kennen.

Text: Hamdi, Hanan/Roemer, Fabian/Sommermeyer, Konrad Orlando, Geronomo Louis

[1] Plörre von der Tanke: Getränke, die man an einer Tankstelle kaufen kann; hier: wässriger Kaffee
[2] Area 51: militärisches Sperrgebiet in Nevada (USA), unterliegt strengster Geheimhaltung
[3] Polaroidbild: Sofortbildkamera; Bild wird nach dem Fotografieren sofort ausgegeben; Firma stellt seit 2008 solche Kameras nicht mehr her

E Prüfungsaufgaben zum Themenbereich „Medien und mehr“

In diesem Kapitel bearbeitest du zum Thema „Medien und mehr“ mehrere Prüfungsbeispiele. Notiere die benötigte Arbeitszeit (siehe Seite 6).

E 1 Leseverstehen: Quelle: Internet (angeleitetes Üben)

Teil I

Lies zunächst den Text sorgfältig durch und bearbeite anschließend die Aufgaben 1 – 13.

Quelle: Internet

Alexandra Reinsberg

Bei Berichten aus Krisengebieten greifen Sender zunehmend auf Videos aus dem Netz zurück – die zuvor aufwendig geprüft werden.

(1) Ein Schuss fällt, in der Ferne steigt Rauch auf, Schreie hallen durch eine staubige Straße. Die flachen, sandfarbenen Häuser, die Dachfirste[1] und Strommasten wirken arabisch. Das Bild ist unscharf, es wackelt, gefilmt wurde wahrscheinlich mit einer Handykamera, neun Sekunden, Schnitt. Gelaufen ist das Video aus Syrien in der Tagesschau, doch aufgenommen hat es kein Journalist. Eingeblendet wird der Hinweis: „Internet-Video“. Seit einigen Jahren schon mischen sich unter die professionellen Bilder der Fernseh-Journalisten zunehmend Videos aus dem Netz. Wenn Journalisten keinen Zugang mehr zu Ländern wie Syrien haben, aber auch, wenn Kamerateams noch auf dem Weg sind zu einem Unglücksort oder Konfliktherd, greifen Sender auf solches Bildmaterial zurück. Doch welche Bilder sind echt?

(2) Vor dieser Frage stehen Fernsehredakteure der ARD und des ZDF täglich. Kleinste Details in den Videos können Hinweise auf die Echtheit des Materials und die Glaubwürdigkeit der Quelle geben. Für Ralf Zimmermann von Siefart, Chef vom Dienst der ZDF Nachrichtenredaktion, bedeuten die Internetvideos Segen und Fluch zugleich: „Die Internetwelt bietet uns die Möglichkeit, hinter die Mauern der Diktatur zu schauen, aber wir müssen extrem vorsichtig dabei sein.“

(3) „Es ist immer ein Indizienprozess[2]“, beschreibt der Leiter des ARD Content Center[3] Michael Wegener seine Arbeit. „Wir tragen Indizien zusammen und schauen, ob sie für das Video sprechen oder dagegen.“ Seit 2011 überprüft das Content Center in Hamburg Bildmaterial und wertet soziale Medien wie Google+, Twitter, YouTube und Facebook aus. Täglich werden bis zu 80 Videos nach einem Vier-Punkte-Check überprüft. „Den Zuschauern ist nicht bewusst, wie viel Aufwand hinter einem 20-Sekunden-Video steckt“, erklärt Wegener. „Wir sichten Videos, recherchieren, diskutieren, schicken die Links zu unseren Kontakten und überprüfen es mehrere Male, bevor es in den Nachrichten gezeigt wird.“

(4) In den fast zwei Jahren seit ihrer Gründung hat sich die Redaktion einen Stamm an Quellen und Informanten aufgebaut. Je vernetzter die Redaktion ist, desto einfacher wird die Arbeit. Um sich zu vergewissern, dass Ereignisse wirklich stattgefunden haben, kommunizieren die Redakteure mit Usern zum Beispiel von syrischen Internet-Plattformen. Dort beobachten sie Diskussionen, fragen nach, was passiert ist und welche Informationen die User zu angeblichen Vorfällen haben. Auch zeigen die Redakteure das Videomaterial Kontaktmännern in den Netzwerken und bitten um deren Einschätzung. Durch die zwischengeschaltete Plattform schützen sich die Informanten, denn ihre kritische Berichterstattung kann sie das Leben kosten.

(5) Im Land des Geschehens können Journalisten, deutsche Institute und Vertrauenspersonen helfen, die Videos einzuordnen. In Deutschland beraten etwa Dolmetscher und Geologen[4] die Journalisten. Es gilt das Zwei-Quellen-Prinzip, nach dem jede Information von zwei voneinander unabhängigen Quellen bestätigt werden muss. Hilfreich sei auch die Erfahrung der Social-Media[5]-Redakteure betont ARD-Mann Wegener: „Unsere Redakteure wissen, was schon seit einigen Tagen kursiert[6] oder immer wieder hochgeladen wird."

(6) Das ZDF in Mainz ist in derselben Situation: eine unüberschaubare Zahl an Videos, wenig Zeit und eine unklare Interessenslage. Hier überprüft jedoch nicht eine gesonderte Redaktion die Informationen und Videos aus dem Netz, sondern der für den Beitrag zuständige Redakteur. Die Verantwortung solle nicht abgegeben werden, erklärt Zimmermann von Siefart: „Unsere Redakteure holen sich Hilfe von unserem Newsdesk[7] und von Spezialisten. Das Fachwissen wird dort abgerufen, wo es liegt, die Verantwortung bleibt aber bei der Redaktion." So könne das ZDF auch individueller auf die Nachrichtenlage reagieren und das Rechercheteam schnell erweitern – zum Beispiel, wenn der arabische Dolmetscher den tunesischen Dialekt nicht versteht.

(7) Eine hundertprozentige Sicherheit, dass das gesendete Material echt ist, gibt es aber nicht. Alle Unklarheiten kommunizieren die Nachrichtensprecher jedoch direkt, sagen Zimmermann von Siefart und Wegener. So lautet der Sprechertext dann: „Das Video zeigt Homs[8] und soll von heute sein." Erst viel später wird sich herausstellen, ob die Realität wirklich so war, wie sie abgebildet wurde.

http://www.fr-online.de/medien/krisenberichterstattung-quelle--internet,1473342,21743308.html; Seitenaufruf am 13.02.2014

[1] Dachfirst: obere Kante eines Daches
[2] Indizienprozess: Vorgang, bei dem man verschiedene Anhaltspunkte und Beweisstücke zusammenträgt
[3] Content Center: Einrichtung der ARD, die Inhalte aus dem Internet systematisch prüft, ob sie auch für das Fernsehen geeignet sind
[4] Geologen: hier: Wissenschaftler, die sich mit der Oberflächenstruktur der Erde befassen
[5] Social Media: Oberbegriff für soziale Netzwerke wie z. B. Facebook
[6] kursiert: hier: im Internet im Umlauf sein
[7] Newsdesk: Arbeitsplatz, an dem die aktuellen Meldungen eingehen
[8] Homs: Stadt in Syrien

Lösungshilfen zu 1 – 13

1. Bevor du dich den Aufgaben zuwendest, solltest du das Textmaterial sorgfältig erschlossen haben. Das heißt, du hast:
   - unbekannte Begriffe geklärt,
   - Schlüsselwörter markiert,
   - Sinnabschnitte gebildet und
   - Zwischenüberschriften formuliert.

   Zu deiner Orientierung sind die vorgegebenen Texte schon in Sinnabschnitte gegliedert.

2. Lies jede Aufgabe gründlich. Markiere dir darin die Schlüsselwörter, die sagen, was du tun sollst. Achte darauf, ob in der Aufgabenstellung der Singular oder der Plural verwendet wird: Kreuze die richtige/n Antwort/en an. So weißt du, ob du eine oder mehrere Antworten ankreuzen musst.

Aufgaben 1 – 13

TIPP zu 1 / 2 / 3 / 5 / 7 / 8 / 9 / 11: Richtige Aussagen ankreuzen

1. Suche zu jeder Aussage die passende Stelle im Text und unterstreiche sie.
2. Überprüfe genau, ob die Textstelle mit der Aussage in der Aufgabe übereinstimmt bzw. worin sie sich unterscheiden. Achte auf die Wortwahl, die Fragestellung und Schlüsselwörter.

1 Kreuze die richtige Antwort an.

Die Einblendung *„Internet-Video“* (Z. 6) soll dem Zuschauer zeigen, dass das Video ...

a)	aus einer besonderen Datenbank des Senders kommt.	
b)	eine spezielle Auftragsarbeit für das Internet ist.	
c)	von ausgebildeten Journalisten gedreht wurde.	
d)	von unbekannten Personen ohne Auftrag gedreht wurde.	

2 Kreuze die richtige Antwort an.

Mit der Bezeichnung *„professionelle Bilder“* (Z. 7) ist gemeint, dass die Aufnahmen ...

a)	aus dem Internet stammen.	
b)	reale Situationen zeigen.	
c)	Konfliktherde darstellen.	
d)	von Journalisten stammen.	

3 Kreuze die richtige Antwort an.

Für Ralf Zimmermann von Siefart sind die Internetvideos *„Segen und Fluch zugleich“* (Z. 17). Der Grund dafür ist:

a)	Journalisten erhalten dadurch mehr Informationen, aber sie müssen diese Informationen auf ihre Richtigkeit hin prüfen.	
b)	Journalisten haben durch diese Videos weniger Arbeit und ihnen ist deshalb häufig langweilig.	
c)	Solche Videos haben eine schlechte Bildqualität und müssen zu großen Teilen stark nachgebessert werden.	
d)	Solche Videos sind zwar sehr leicht im Internet zu finden, aber man muss viel Geld für sie bezahlen.	

TIPP zu: 4 Sprachliche Bilder erläutern

1. Suche die angegebene Textstelle und unterstreiche sie.
2. Denke daran, dass ein sprachliches Bild (z.B. eine Metapher) nicht wörtlich gemeint ist, sondern eine übertragene Bedeutung hat. Überlege, was mit dem sprachlichen Bild ausgedrückt werden soll.
3. Überprüfe, welche Aussage in der Aufgabe mit deiner Deutung des sprachlichen Bildes am besten übereinstimmt.

4 Kreuze die richtige Antwort an.

Mit dem sprachlichen Bild *„Mauern der Diktatur"* (Z. 18) meint Ralf Zimmermann von Siefart, dass ...

a)	man in manchen Diktaturen sicher im Internet surfen kann.	
b)	Journalisten in manchen Krisengebieten gut gesichert sind.	
c)	manche Länder von hohen Mauern umgeben sind.	
d)	zu manchen Krisengebieten der Zugang verwehrt ist.	

5 Kreuze die richtige Antwort an.

Michael Wegener bezeichnet seine Arbeit als *„Indizienprozess"* (Z. 20), weil ...

a)	die entsprechenden Internet-Links in den Nachrichten gezeigt werden müssen.	
b)	die Videos aufwendig nach Hinweisen für ihre Echtheit geprüft werden müssen.	
c)	80 Videos von den Mitarbeitern der Fernsehredaktionen gründlich untersucht werden müssen.	
d)	für die sozialen Medien wie Google+ und Facebook aufwendig recherchiert werden muss.	

TIPP zu: 6 Arbeitsschritte / Textaussagen

1. Suche den angegebenen Textabschnitt.
2. Unterstreiche im Textabschnitt die Verben, die in der Tabelle der Aufgabe stehen, z. B. diskutieren.
3. Nummeriere am Rand des Textabschnitts die Reihenfolge der Aussagen.

6 Ordne die Arbeitsschritte zur Überprüfung der Videos in der richtigen Reihenfolge (Abschnitt 3).

	Arbeitsschritt	Reihenfolge (1, 2, 3, 4)
a)	Herkunft diskutieren	
b)	Herkunft herausfinden	
c)	Video ansehen	
d)	Video durch andere Kontakte prüfen	

7 Kreuze die richtige Antwort an.

„Je vernetzter die Redaktion ist, desto einfacher wird die Arbeit.“ (Z. 31 – 32)

Dies bedeutet im Textzusammenhang: Die Echtheit des Internetvideos zu überprüfen wird einfacher, weil viele …

a)	Fernsehredakteure heutzutage immer online sind.	
b)	Mitarbeiter eines Fernsehsenders daran arbeiten.	
c)	soziale Medien dem Sender bereitgestellt werden.	
d)	unterschiedliche Personen befragt werden können.	

8 Kreuze die richtige Antwort an.

Mit der Formulierung *„Zwei-Quellen-Prinzip“* (Z. 42) ist im Textzusammenhang gemeint, dass die Echtheit der Informationen durch zwei …

a)	Social-Media-Redakteure als Quellen bestätigt wird.	
b)	unabhängige Quellen aus Deutschland belegt wird.	
c)	voneinander abhängigen Quellen bestätigt wird.	
d)	voneinander unabhängigen Quellen abgesichert wird.	

9 Kreuze die richtige Antwort an.

Mit Hilfe von sozialen Netzwerken können Fernsehredaktionen die Echtheit von Videos überprüfen (Abschnitt 5), da in diesen Netzwerken …

a)	die User selbst über die Echtheit eines Videos abstimmen können.	
b)	echte Videos häufig von verschiedenen Usern hochgeladen werden.	
c)	Zweifel über die Echtheit eines Videos schneller verbreitet werden.	
d)	Redakteure gezielt User nach ihren eigenen Videos fragen können.	

10 Erläutere vor dem Hintergrund von Abschnitt 6 das folgende Zitat:

„Das Fachwissen wird dort abgerufen, wo es liegt, die Verantwortung bleibt aber bei der Redaktion.“ (Z. 52 – 54)

____

____

____

____

TIPP zu: 10 Aussagen/Begriffe erläutern

1. Markiere die angegebene Textstelle.
2. Lies die Textaussagen, die vor und hinter der angegebenen Textstelle stehen. Darin findest du meistens Erklärungen oder Beispiele.
3. Formuliere die Antwort mit eigenen Worten: *Mit diesem Zitat ist gemeint, dass …*

11 Kreuze die richtige Antwort an.

Der Sprechertext *„Das Video zeigt Homs und soll von heute sein“* (Z. 60) drückt aus, dass ...

a)	das Video mit Sicherheit von heute ist.	
b)	die Nachricht hundertprozentig sicher ist.	
c)	die Realität im Video abgebildet wird.	
d)	die Echtheit der Quelle unsicher ist.	

TIPP zu: 12 Aussagen zwischen Grafik und Text erläutern

1. Mache dir zu der Grafik passende Notizen *(Was siehst du? Wer ist abgebildet? Worum geht es in der Beschriftung).*
2. Notiere, wie du die Grafik verstehst.
3. Überfliege den Text und suche nach Textaussagen, die zu deinem Eindruck passen. Unterstreiche sie.

12 Erläutere den Zusammenhang zwischen der Grafik und dem Text. Beziehe dich dabei auf mehrere Textaussagen.

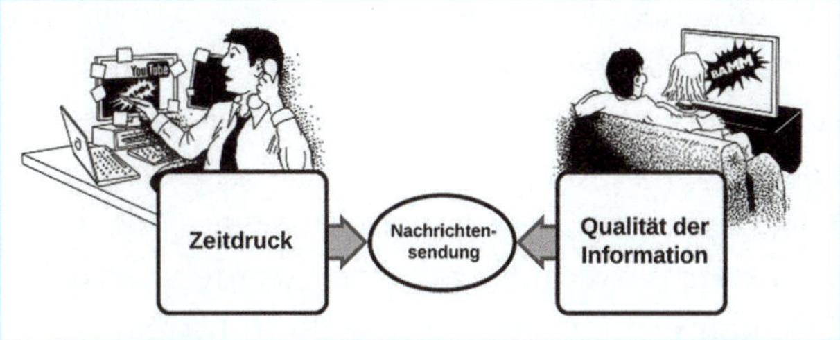

TIPP zu: 13 Zu einer Aussage Stellung nehmen

1. Entscheide dich für eine der beiden Möglichkeiten: *Ich stimme zu / nicht zu.*
2. Überfliege den Text noch einmal und markiere Textaussagen, die deine Auffassung unterstützen.
3. Greife zu Beginn die Aussage, zu der du dich äußern willst, noch einmal auf.
4. Beziehe dich bei deiner Begründung auch auf die markierten Textaussagen *(Auch wenn es keine hundertprozentige Sicherheit gibt, sollte man / nicht auf Bilder und Videos verzichten, denn ...).*

13 Eine Schülerin sagt nach dem Lesen des Textes:

„Wenn es keine hundertprozentige Sicherheit gibt, sollte man lieber ganz auf Bilder und Videos verzichten.“

Du kannst dieser Aussage zustimmen oder nicht. Wichtig ist, dass du deine Meinung begründest und dich auf mehrere Textaussagen beziehst.

E 2 Leseverstehen: Die Tageszeitung ist nicht out, aber … (selbstständiges Üben)

Teil I

Lies zunächst den Text sorgfältig durch und bearbeite anschließend die Fragen 1 – 13.

Die Tageszeitung ist nicht out, aber …

(1) Keine Branche hat sich im letzten Jahrzehnt so stark verändert wie die der Medien. Betrachtet man dabei die Zeitungslandschaft, so wurde in den letzten Jahren immer häufiger über eine Veränderung des alten Mediums Tageszeitung diskutiert. Die Zukunft der Zeitung ist unklar. Leser, Journalisten und Wissenschaftler sind sich uneinig, was mit ihr, ihrem Aufbau und Inhalt sowie ihrer Bedeutung als Massenmedium und Informationsquelle geschehen wird. Wie es genau weitergeht, kann man natürlich nicht wissen. Klar ist aber, dass sich die Zeitung, wie wir sie heute kennen, ändern wird.

(2) Über Generationen hinweg war es für viele selbstverständlich, morgens die Tageszeitung druckfrisch aus dem Briefkasten zu holen, die der Zusteller in aller Frühe dort hineingesteckt hatte. Und doch muss mit dieser scheinbar unantastbaren Tradition gebrochen werden. Die Verlage und Redaktionen sehen sich seit Jahren völlig neuen Herausforderungen gegenüber. Viele Probleme treten im wirtschaftlichen Bereich auf. Die Ursachen reichen von sinkenden Abonnementzahlen[1] über nachlassende Werbeeinnahmen bis hin zur Schnelligkeit und Übermacht des Mediums Internet mit all seinen Angeboten im Nachrichtenbereich. Zusätzlich gibt es noch andere Medien wie das Fernsehen und das Radio, durch welche man umsonst informiert wird. Und was geschieht mit den Journalisten? Werden sie in Zukunft weniger, aber kreativer und „besser“, da sich ihre Anzahl verringert und somit nur die besten übrig bleiben? Oder werden sie bald fast überflüssig, weil sie durch andere Personen ersetzt werden, die die Informationen aus dem Internet holen?

(3) In unserem Zeitalter, in dem viele Menschen ein internetfähiges Smartphone, ein Tablet oder einen PC besitzen, mit dem sie Neuigkeiten kostenlos und schnell abrufen können, werden Zeitungen immer bedeutungsloser. Dies gilt vor allem für überregional erscheinende Tageszeitungen. Etwas anders stellt sich vermutlich die Situation bei den Regionalzeitungen dar. Da diese sich auf das unmittelbare, lokale Umfeld beziehen und es einen solchen, regionalspezifischen Teil im Internet bzw. Fernsehen nicht gibt, ist die Wahrscheinlichkeit für deren Bestehen langfristig gesehen größer.

Bei den Tageszeitungen ist man seit einigen Jahren bemüht, neue Wege zu finden und zu beschreiten, um die Position als wichtigster Nachrichtenlieferant wieder zu festigen. Die Zeitung ist heute längst mehr als eine Printausgabe[2]. Sie ist eine Quelle, die neben der gedruckten Fassung auf ganz unterschiedliche Arten angeboten wird z. B. als Online-Ausgabe oder als sogenanntes E-Paper[3], welches in der Regel über eine spezielle App geladen und gelesen wird.

(4) Auch bei Jugendlichen ist die Tageszeitung noch nicht out. Drei von zehn Jugendlichen zwischen 14 und 19 Jahren lesen jede Ausgabe einer Tages-/Wochen- und/oder Sonntagszeitung (33,3 %). Bei den jungen Erwachsenen zwischen 20 und 29 Jahren beträgt der Anteil regelmäßiger Zeitungsleser sogar 47,4 Prozent. Aber erst wenn man Print und Online als Ganzes betrachtet, ergibt sich ein realistisches Bild der Zeitungsnutzung. Zeitungen erreichen mit ihren Printausgaben und Online-Auftritten 62,4 Prozent der 14- bis 29-Jährigen. Interessant ist auch, dass das Vertrauen junger Menschen in die Zeitung besonders hoch

ist. Nicht selten werden Jugendliche mit verschiedenen Sichtweisen und unterschiedlichsten Darstellungen zu einem Thema konfrontiert. In der JIM-Studie 2014 (Jugend, Information, (Multi-) Media) des Medienpädagogischen Forschungsverbundes Südwest) wurden Jugendliche gefragt, welchen Medien sie im Falle einer widersprüchlichen Berichterstattung am ehesten Glauben schenken würden. Für 40 Prozent der 12- bis 19-Jährigen ist die Zeitung am glaubwürdigsten. Platz zwei erreicht mit 26 Prozent das Fernsehen, gefolgt von Radio und Internet (17% bzw. 14%). Diese Zahlen machen deutlich, dass die häufige Nutzung eines Mediums nicht zwingend auch mit hoher Glaubwürdigkeit einhergeht und umgekehrt. Obwohl die Tageszeitung bezüglich der regelmäßigen Nutzung weit hinter den anderen Medien steht, vertrauen die Jugendlichen ihr am meisten hinsichtlich der Einhaltung journalistischer Standards – der Tageszeitung wird damit durch die Jugendlichen auch im digitalen Zeitalter eine besonders hohe Qualität zugesprochen.

Autorentext (2016) [1] die Abonnementzahlen: Anzahl derer, die beispielsweise eine Zeitung im Abonnement beziehen, also diese regelmäßig direkt nach Hause geliefert bekommen [2] Printausgabe: hier: gedruckte Ausgabe einer Zeitung [3] E-Paper: hier: Zeitung, die ausschließlich in elektronischer Form veröffentlicht wird

Aufgaben 1 – 13

1 Ergänze die fehlenden Wörter, um mithilfe der Überschrift das Thema des Textes deutlich zu machen.

Die Tageszeitung ist nicht out, aber ______________________________

____

2 Kreuze die richtige Antworte an.

Die Zukunft der Zeitung ist unklar (Abschnitt 1), weil ...

a)	man momentan nicht weiß, ob sie zukünftig viele Inhalte bieten wird.	
b)	man momentan nicht weiß, welche Bedeutung als Informationsquelle sie zukünftig haben wird.	
c)	man momentan nicht weiß, wie viele Journalisten zukünftig dort arbeiten werden.	
d)	man momentan nicht weiß, welchen Anteil Bilder und Texte zukünftig an den Zeitungen haben werden.	

3 Kreuze die richtigen Antworten an.

Zeitungen erscheinen heute (Abschnitt 3) ...

a)	als Printausgaben.	
b)	als E- Paper.	

c)	als Fernsehausgabe.	
d)	online.	

4 Kreuze die richtige Antwort an.

In unserer digitalisierten Zeit werden die gedruckten Tageszeitungen (Abschnitt 3) ...

a)	immer teurer.	
b)	immer dünner.	

c)	immer bedeutungsloser.	
d)	immer unübersichtlicher.	

5 Kreuze die richtige Antwort an.

Jugendliche sind der Meinung (Abschnitt 4), dass ...

a)	die Tageszeitung besonders glaubwürdig ist.	
b)	die Tageszeitung besonders aktuell ist.	
c)	die Tageszeitung besonders informativ ist.	
d)	die Tageszeitung besonders übersichtlich ist.	

6 Kreuze die richtige Antwort an.

Jugendliche wurden gefragt, welchen Medien sie im Falle einer widersprüchlichen Berichterstattung am ehesten Glauben schenken würden. Die Formulierung „im Falle einer widersprüchlichen Berichterstattung“ (Z. 44 – 45) soll in diesem Zusammenhang darauf hinweisen, dass ...

a)	es in verschiedenen Medien unterschiedliche Berichte zu einem Thema geben kann, die einander widersprechen.	
b)	verschiedene Medien unterschiedliche Autoren haben können.	
c)	nicht immer alles stimmt ist, was in der Zeitung steht.	
d)	es in verschiedenen Medien unterschiedliche Berichtsformen (z.B. Interview, Kommentar) geben kann.	

7 Kreuze die richtige Antwort an.

Die Formulierung „die häufige Nutzung eines Mediums geht nicht zwingend auch mit hoher Glaubwürdigkeit einher und umgekehrt“ (Z. 47 – 49) soll verdeutlichen, dass ...

a)	die Tageszeitung eine hohe Glaubwürdigkeit besitzt, weil sie von den Jugendlichen so oft gelesen wird.	
b)	die Tageszeitung eine hohe Glaubwürdigkeit besitzt, auch wenn andere Medien vielleicht häufiger genutzt werden.	
c)	die Tageszeitung eine hohe Glaubwürdigkeit besitzt, wenn sie von den Jugendlichen gelesen wird.	
d)	die Tageszeitung eine hohe Glaubwürdigkeit besitzt, obwohl sie von den Jugendlichen gelesen wird.	

Entwicklung der E-Paper-Auflagen im Zeitraum von 2005 bis 2015

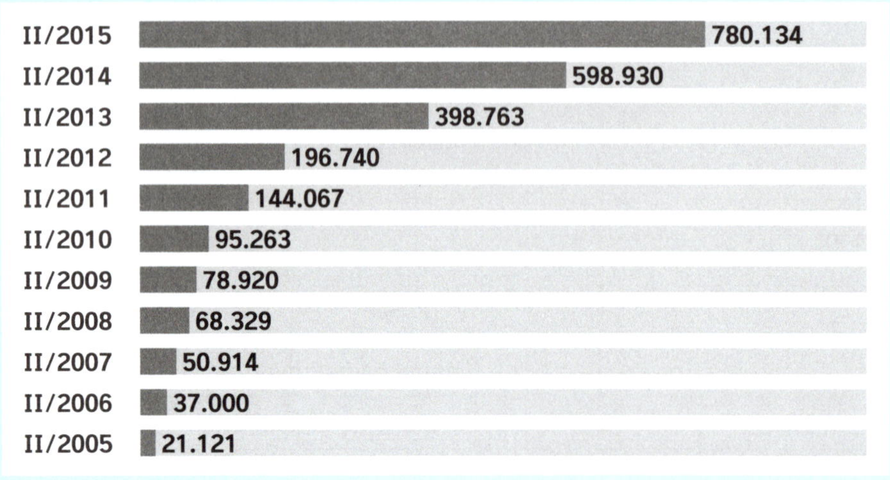

Entwicklung der E-Paper-Auflagen 2005 bis 2015, verkaufte Auflage
Basis: IVW-Quartalsauflagenlisten, Quelle: Auflagenstatistiken der ZMG; Bundesverband Deutscher Zeitungsverleger

8 Beschreibe kurz, welche Entwicklung im Diagramm dargestellt wird.

9 Kreuze die richtigen Antworten an.

Das Diagramm ...

a)	zeigt, wie viele Zeitungen spezielle E-Paper-Ausgaben anbieten.	
b)	zeigt die Entwicklung von verkauften E-Paper-Auflagen.	
c)	unterscheidet nicht zwischen regionalen und überregionalen Zeitungen.	
d)	zeigt die Entwicklung von verkauften Tageszeitungen pro Jahr.	

10 Begründe, ob Text und Diagramm zusammenpassen.

11 Viele Tageszeitungen haben heute wirtschaftliche Probleme. Nenne hierfür drei Gründe aus dem Text (Abschnitt 2).

a)

b)

c)

12 Benenne einen Vorteil von Regionalzeitungen gegenüber überregionalen Zeitungen (Abschnitt 3).

13 Ein Schüler sagt nach dem Lesen des Textes:

„Regionalzeitungen enthalten oft viel Überflüssiges; vieles, was mich nicht interessiert. Deshalb lohnt sich der der zeitliche und finanzielle Aufwand nicht, unsere Regionalzeitung zu lesen."

Du kannst dieser Aussage zustimmen oder nicht. Wichtig ist, dass du deine Meinung begründest und dich auf mehrere Textaussagen beziehst.

E 3 Was bedeutet die Aufgabenstellung „Untersuche und vergleiche …“?

1. Die Aufgabenstellung unten könnte aus einer Prüfungsvorlage stammen, bei der du verschiedene Sachtexte untersuchen und miteinander vergleichen musst. Lies die Aufgabenstellung (Achtung: Die zugehörigen Texte und Materialien findest du auf den Seiten 117–119).

1 Untersuche und vergleiche die Materialien M1 – M3 in einem zusammenhängenden Text.
- Stelle die Materialien kurz vor und benenne das gemeinsame Thema.
- Fasse zusammen, was Experten unter Jugendsprache verstehen (M1 + M2).
- Erläutere, welche Kritik an der Jugendsprache geübt wird und ob diese berechtigt ist (M3).
- Setze die Materialien M1 bis M3 zueinander in Beziehung, indem du erklärst, warum Jugendliche eine eigene Sprache benutzen und welche besonderen Merkmale diese hat. Verdeutliche in diesem Zusammenhang insbesondere den Unterschied zwischen mündlicher und schriftlicher Jugendsprache anhand von jeweils drei Beispielen.

2 Hans Zehetmair, Vorsitzender des deutschen Rechtschreibrats, kritisiert den Sprachgebrauch Jugendlicher. Er klagt: *„Unsere Zeit ist so schnelllebig geworden. Da müssen Sie sich nur die Twitter-Beiträge ansehen, in denen es keine ganzen Sätze mehr gibt. Die Jugend schreibt keine Liebesbriefe mehr, sondern „HDL – Hab dich lieb“, um eine Liebe zum Ausdruck zu bringen.“*
Nimm Stellung zu diesen Aussagen und begründe deine Meinung. Beziehe dich dabei auch auf die Materialien.

2. a) In der Aufgabenstellung oben ist zum Teil schon unterstrichen worden, was von dir erwartet wird. Unterstreiche auch in den weiteren Aufgaben, was du tun sollst. Die Operatoren geben dir Hinweise.
   b) Lies die Info rechts. Sie erklärt, was unter den Arbeitsanweisungen genau zu verstehen ist. Unterstreiche wichtige Stellen.
3. Die letzte Teilaufgabe zu **1** gibt dir Hinweise, was du untersuchen und vergleichen sollst.
   Markiere oben, auf welche Stellen im Text du besonders achten musst. Notiere diese hier stichwortartig:

____

____

____

____

____

INFO zu 2.

benennen: Informationen zusammentragen
zusammenfassen: Inhalte, Aussagen, Zusammenhänge komprimiert und strukturiert wiedergeben
erläutern: Textaussagen, Sachverhalte auf der Basis von Kenntnissen/Einsichten darstellen und durch Informationen/Beispiele veranschaulichen
erklären: Textaussagen, Sachverhalte auf der Basis von Kenntnissen und Einsichten darstellen
Stellung nehmen: eine Problemstellung, einen Sachverhalt auf der Grundlage von Kenntnissen, Einsichten und Erfahrungen kritisch prüfen und die Einschätzung sorgfältig abwägend formulieren

INFO zu 3.

Um einen Sachtext zu verstehen, musst du ihn untersuchen:
- Welche Informationen enthält er?
- Welcher Aufbau ist erkennbar?
- Um welche Textsorte handelt es sich?
- Welche Wirkung hat der Text?
- Welche Absicht liegt dem Text zugrunde?
- Welche sprachlichen Besonderheiten gibt es, welche Funktion haben sie?

Vergleichen bedeutet, Texte nach bestimmten Gesichtspunkten in Beziehung zu setzen:
- Was haben sie gemeinsam?
- Welche Unterschiede sind erkennbar?
- Inwieweit ergänzen sich die Texte?

Diese Vergleiche können sich auf Inhalt, Form, Absicht, Wirkung und Sprache beziehen.
In den Teilaufgaben findest du Hinweise, auf welche Aspekte du achten musst.

E 4 Aufgabentyp 4b: Einen Textvergleich verfassen

Hier erhältst du eine Übersicht zur **Vorgehensweise bei der Bearbeitung der Schreibaufgabe zum Aufgabentyp 4b**. Die blau markierten Wörter (Arbeitstechniken, Operatoren, Fachbegriffe) kannst du im Glossar (S. 140) oder im Kapitel B 8 (ab S. 49) und E 3 (S. 114) nachschlagen. Bei der Bearbeitung der Aufgabenstellungen in den Kapiteln E 6 – E 8 kannst du dich an der Übersicht orientieren.

Sechs Schritte zur Bearbeitung der Aufgabenstellung

1. Schritt: Sich orientieren
- Teilaufgaben und **Operatoren** erfassen
- Schreibziel erkennen (→ **vergleichend untersuchen**)

↓

2. Schritt: Materialien erschließen und Inhalte erfassen
- Texte, **Diagramme**, **Schaubilder** lesen (Lesemethode anwenden)
- unbekannte Begriffe und Ausdrücke klären (Wörterbuch, Sinnzusammenhang)
- **Schlüsselstellen** markieren und bewerten (mit Symbolen, Pfeilen)
- Inhalt abschnittsweise in Stichpunkten **zusammenfassen**

↓

3. Schritt: Einen Schreibplan anlegen
- Tabelle anlegen (nach Teilaufgaben und Materialien gliedern)

↓

4. Schritt: Materialien auswerten und Stichworte im Schreibplan festhalten
- Informationen für die Einleitung notieren: **T**itel, **A**utor, **T**extart, **E**rscheinungsjahr und **T**hema (= **TATTE-Satz**)
- Inhalt abschnittsweise in Stichpunkten zusammenfassen, Aussagen der Schaubilder zum Thema kurz benennen
- Aufgaben zu Inhalten der Materialien stichpunktartig bearbeiten
- zu einer Aussage oder einem Zitat **Stellung nehmen**
- **Operatoren** und Wortlaut der Teilaufgaben berücksichtigen

↓

5. Schritt: Text schreiben

Inhalt:
- zusammenhängenden Text verfassen
- Einleitung formulieren
- Inhalte mit eigenen Worten zusammenfassen
- Aussagen der Schaubilder zum Thema darstellen
- vergleichende Ergebnisse am Text belegen
- zu einem Zitat/einer Aussage Stellung nehmen

Darstellung:
- im **Präsens** schreiben
- **Zitiertechniken** beachten
- in eigenen Worten formulieren
- Überleitungen formulieren
- Ergebnisse der Teilaufgaben miteinander verknüpfen
- nach Teilaufgaben Absätze einfügen

↓

6. Schritt: Text überarbeiten
- Einleitung vollständig?
- Inhalt richtig und mit eigenen Worten zusammengefasst?
- Alle Teilaufgaben berücksichtigt? (→ **Operatoren**)
- Stellungnahme auf das Zitat/die Aussage abgestimmt?
- Im **Präsens** geschrieben?
- **Rechtschreibung, Zeichensetzung, Grammatik** korrekt?

E 5 Schreibplan zu Aufgabentyp 4b

Nutze diese Tabelle zur Planung deines Vergleichs. Ergänze die Kategorien der Teilaufgaben und die Informationen aus den Materialien stichwortartig. Wenn in deiner Prüfungsvorlage nur zwei Materialien oder weniger Teilaufgaben vorkommen, kannst du einfach eine Spalte bzw. Zeile streichen. Ebenso streichst du die Kästchen, die du für die Bearbeitung der Teilaufgaben nicht benötigst.

Teilaufgaben	**M1**	**M2**	**M3**
1 a) Einleitung: TATTE-Satz, gemeinsames Thema der Materialien benennen			
1 b)			
1 c)			
1 d)			
2			

E 6 Aufgabentyp 4b: Jugendsprache (angeleitetes Üben)

Teil II

1. **Untersuche** und **vergleiche** die Materialien M1 – M3 in einem zusammenhängenden Text. Gehe so vor:
   - **Stelle** die Materialien kurz **vor** und **benenne** das gemeinsame Thema.
   - **Fasse zusammen**, was Experten unter Jugendsprache verstehen (M1+ M2).
   - **Erläutere**, welche Kritik an der Jugendsprache geübt wird und ob diese berechtigt ist (M3).
   - **Setze** die Materialien M1 bis M3 zueinander in Beziehung, indem du **erklärst**, warum Jugendliche eine eigene Sprache benutzen und welche besonderen Merkmale diese hat. **Verdeutliche** in diesem Zusammenhang insbesondere den Unterschied zwischen mündlicher und schriftlicher Jugendsprache anhand von jeweils drei Beispielen.
2. Hans Zehetmair, Vorsitzender des deutschen Rechtschreibrats, kritisiert den Sprachgebrauch Jugendlicher. Er klagt: *„Unsere Zeit ist so schnelllebig geworden. Da müssen Sie sich nur die Twitter-Beiträge ansehen, in denen es keine ganzen Sätze mehr gibt. Die Jugend schreibt keine Liebesbriefe mehr, sondern „HDL – Hab dich lieb“, um eine Liebe zum Ausdruck zu bringen.“*
   Nimm Stellung zu diesen Aussagen und **begründe** deine Meinung. Beziehe dich dabei auch auf die Materialien.

M1 Warum Jugendsprache? Ausdruck für ein eigenständiges Leben(sgefühl)

Fragt man Jugendliche, warum sie sich so merkwürdig ausdrücken, diese für Erwachsene manchmal so unverständlichen Wörter erfinden und benutzen, erhält man z. B. folgende Antworten:

- Wir wollen nicht so sprechen wie Erwachsene.
- Die verstehen das dann nicht.
- Das schockiert die.
- Man ist dann wer (Besonderes).
- Man fällt auf.
- Es macht Spaß, neue Ausdrücke zu erfinden.
- Man wird dann von den Kleinen bewundert.

Die Jugendlichen grenzen sich so von den Erwachsenen ab, zeigen Zugehörigkeit zu der eigenen Gruppe von Gleichaltrigen. DIE eine Jugendsprache gibt es aber nicht. Nicht jeder Jugendliche verhält sich gleich und nutzt das gleiche Vokabular. Es gibt Jugendliche, bei denen sich mehr Merkmale in der Sprache finden lassen, aber es gibt auch Jugendliche, die sich eher an der Standardsprache orientieren. Auch stellt Jugendsprache häufig eine Besonderheit von Gruppen dar. Das bedeutet, dass sich immer diejenigen zusammentun, die den gleichen Sport mögen oder die gleiche Musik hören. Innerhalb dieser Gruppen entstehen – wegen der ähnlichen Interessen und Erfahrungen – bestimmte Ausdrücke für Dinge oder Situationen. Jugendsprache hat eine wichtige Funktion. Sie beinhaltet Kritik an den Erwachsenen, nach dem Motto: Die Alten sind out, es leben die jungen Leute! Das Eigene wird betont – die eigene Kultur, die eigene Meinung, die eigenen Werte und die Eigenständigkeit.

nach http://suite101.de/article/die-besondere-sprache-der-jugend-a42558; Seitenaufruf am 30.07.2013
und http://www.presstige.org/index.php?option=com_k2&view=item&id=430:jugendsprache-zwischen-rebellion-undkreativit%C3%A4t&Itemid=135; Seitenaufruf am 30.7.2013

M2 Jugendsprache und ihre Merkmale

Die Sprachforschung tut sich schwer, eindeutig zu beschreiben, was man hört, wenn Jugendliche den Mund aufmachen. Immerhin: Alle Experten sind sich einig, dass Jugendsprache eine bestimmte Art ist, sich auszudrücken, die die meisten jungen Menschen mehr oder weniger intensiv nutzen. Es gibt also nicht die eine eigenständige Jugendsprache, sondern Jugendliche benutzen von der Grammatik oder dem Wortschatz her unterschiedliche Ausprägungen ihrer Sprache.

Dennoch kann man feststellen, dass es Besonderheiten gibt, die man eher von Jugendlichen als von älteren Menschen hört:

- Jugendliche haben eigene Wörter beim Grüßen, sie sagen eher „Hey, Digger“ oder „Was geht, Alter?“ als „Guten Tag, mein lieber Freund“.
- Jugendliche kleben Silben an Wörter: „Ich war endsauer.“
- Jugendliche verwenden noch mehr Begriffe aus dem Englischen als es Erwachsene ohnehin schon tun: cruisen, chillen, scratchen usw. Dabei durchlaufen die Wörter mitunter eine beachtliche Veränderung. Aus dem Englischen to disrespect (missachten) beispielsweise machten Hip-Hop-Musiker to diss (beschimpfen) – was schon viele erwachsene Amerikaner oder Briten nicht kennen. Deutsche Jugendliche wiederum entwickelten daraus „dissen“. Dieses neue Wort wurde schnell in die Jugendsprache integriert.
- Jugendliche malen mit ihrer Sprache gerne Bilder und benutzen lustige Begriffsbeschreibungen: Münzmallorca (Solarium), Taschentiger (Katze), behaarte Bifi (kleiner Hund).
- Jugendliche lassen Wörter aus: „Ich geh nachher Lidl, kommst du?“ – „Auf jeden!“
- Jugendliche verwenden gerne Füllwörter: irgendwie, und so, na ja.

Ken Voest (2016) (unter Verwendung von Informationen aus Nikolas Nützel: Sprache oder was den Mensch zum Menschen macht. München. cbj Verlag, S. 139 – 140)

M3 Wie sich bei Jugendlichen auch die Schriftsprache verändert

Die Jugend grenzt sich auch durch ihre Sprache von der Erwachsenenwelt ab und sichert sich damit auch einen Teilbereich ihrer eigenen Identität[1]. Durch das Brechen der sprachlichen Regeln sollen Protest und Rebellion[2] ausgedrückt werden.

Jugendsprache ist sowohl regional als auch in unterschiedlichen Altersgruppen verschieden. Oftmals unterscheidet sich Jugendsprache sogar von Clique zu Clique oder von Jahrgang zu Jahrgang.

Kritiker sagen der Jugendsprache immer wieder negative Auswirkungen auf den Sprachgebrauch Jugendlicher nach. Angeblich verlernen diese durch den Gebrauch der Jugendsprache das richtige Sprechen und die korrekte Grammatik. Die Folge sind Probleme in der Schule, und zwar beim Verfassen von Texten und natürlich auch in der Rechtschreibung. Auch hört man immer wieder, dass der Gebrauch von Jugendsprache dafür sorgt, dass Jugendliche später erwachsen werden. Wer Jugendsprache spricht, hält sich nämlich auch oft noch für jugendlich – obwohl er eigentlich längst im

Erwachsenenalter angekommen ist. Oftmals ist Jugendsprache auch sehr provokant[3] und wirkt deshalb wenig seriös und nicht sehr respektvoll gegenüber Erwachsenen. Und manchmal schimpfen Erwachsene auch einfach deshalb über die Jugendsprache, weil sie sie nicht verstehen.
Trotz aller Kritik an der Jugendsprache haben verschiedene Studien aber gezeigt, dass diese keine negativen Auswirkungen auf die Sprachkompetenz[4] der Jugendlichen hat. Eine Sache fällt in letzter Zeit aber ganz besonders auf. War Jugendsprache früher eher typisch für die mündliche Kommunikation, so hat sich dies mittlerweile geändert. Durch die neuen Kommunikationsmöglichkeiten über Twitter, Facebook oder WhatsApp gibt es erstmals auch so etwas wie eine eigene schriftliche Jugendsprache. Auf korrekte Grammatik, Zeichensetzung und Rechtschreibung wird dabei in der Tat wenig Wert gelegt. Und wenn man sich viel zu sagen hat, aber nur wenig Platz oder einfach keine Lust, sich die Finger auf dem Display seines Smartphones wund zu tippen, muss man Abkürzungen oder Symbole benutzen, wie den allgegenwärtigen Smiley oder Kurzsätze wie „lol“ (für „laughing out loud“ = „da muss ich laut lachen“) oder „cu“ (lautmalerisch für „see you“ = „wir sehen uns“). So lässt sich auch sicherstellen, dass der Adressat schnell liest, was man schreibt, und natürlich auch, dass er möglichst rasch antwortet.
Wobei Schreiben und Schreiben auch nicht dasselbe ist! Manche in Chats, SMS- oder WhatsApp-Nachrichten gebräuchliche Floskel kann und wird nicht in Texten in der Schule, z. B. bei schriftlichen Arbeiten, oder beispielsweise in einem Bewerbungsschreiben verwendet. Es lässt sich nachweisen, dass Schülerinnen und Schüler in diesen Situationen immer noch eine andere Sprache verwenden.

Harald Stöveken (2016)

[1] Identität: Persönlichkeit, das eigene Selbst
[2] Rebellion: Aufstand, offenes Aufbegehren einer (kleineren) Gruppe
[3] provokant: andere bewusst herausfordernd
[4] Sprachkompetenz: Sprachvermögen, Sprachfähigkeit

Lösungshilfen zu 1 a)

1. Bearbeite M1 bis M3, indem du den ersten und zweiten Arbeitsschritt durchführst (siehe B 8, S. 49). Nutze die Ergebnisse deiner Vorarbeit, um die Teilaufgabe 1 a zu bearbeiten.

2. Notiere das gemeinsame Thema der Materialien.

   Beide Materialien befassen sich auf unterschiedliche Weise mit dem Thema Jugendsprache.

TIPP zu 1.

Je besser du die Materialien erschlossen hast, desto leichter wird dir die Zusammenfassung der wichtigsten Aussagen fallen.

3. a) Lege dir einen Schreibplan an und ergänze ihn. Orientiere dich dabei am dritten Schritt (s. B 8, S. 51). Du kannst auch die Vorlage aus E 5 verwenden (S. 116).
   b) Ergänze deine Ergebnisse aus Aufgabe 1 a im Schreibplan.

Lösungshilfen zu 1 b)

4. Markiere in M1 und M2 alle Textstellen, in denen erklärt wird, was man unter Jugendsprache versteht.

5. Fasse die wichtigsten Aussagen stichwortartig in der zweiten Zeile deines Schreibplans zusammen.
   - es ist schwer, zu beschreiben, was Jugendsprache genau ist, DIE Jugendsprache gibt es nicht
   - Experten sind sich einig: Jugendsprache ist eine bestimmte Art, sich auszudrücken, die alle Jugendlichen mehr oder weniger intensiv nutzen
   - nicht jeder Jugendliche spricht im gleichen Maße jugendlich, stattdessen werden von der Grammatik/vom Wortschatz her unterschiedliche Ausprägungen der Jugendsprache genutzt ...

Lösungshilfen zu 1 c) und d)

6. Markiere in Material 3 alle Textstellen, in denen Kritikpunkte an der Jugendsprache geäußert werden.

7. Fasse die wichtigsten Aussagen stichwortartig in der dritten Zeile deines Schreibplans zusammen. Notiere außerdem, ob die Kritik an der Jugendsprache berechtigt ist (Teilaufgabe 1 c).
   - Jugendliche verlernen das richtige Sprechen und die korrekte Grammatik
   - Jugendliche werden später erwachsen
   - Jugendsprache ist oft wenig seriös und nicht respektvoll gegenüber Erwachsenen
   - ...

   =>Studien haben ergeben, dass Jugendsprache sich nicht negativ auf den Sprachgebrauch Jugendlicher auswirkt ...

8. Setze nun die Materialien zueinander in Beziehung. Konzentriere dich zunächst darauf, was in den Materialien dazu ausgesagt wird, weshalb Jugendliche eine eigene Sprache benutzen. Notiere deine Ergebnisse in der vierten Zeile deines Schreibplans. Beginne so:

   Gründe für Jugendsprache:
   - Abgrenzung/Kritik von bzw. an den Erwachsenen (diese verstehen die Jugendsprache nicht bzw. sind schockiert) (M1+M3)
   - Zugehörigkeit zu der eigenen Gruppe zeigen (man ist dann wer Besonderes, fällt auf, wird von Jüngeren bewundert) (M1+M3)
   - Spaß am Erfinden neuer Ausdrücke ...

TIPP zu 8.

Markiere in den Materialien die Informationen, die sich auf Teilaufgabe d) beziehen, in der gleichen Farbe. Setze nun die Materialien miteinander in Beziehung, indem du überlegst, was sie gemeinsam haben und worin sie sich unterscheiden oder ergänzen.

9. Untersuche jetzt, was in den Materialien im Hinblick auf den Unterschied zwischen mündlicher und schriftlicher Jugendsprache ausgesagt wird. Notiere auch diese Ergebnisse in der vierten Zeile deines Schreibplans (Teilaufgabe 1 d).

   M3: – Jugendsprache war früher typisch für die mündliche Kommunikation; heute gibt es durch die neuen Kommunikationsmöglichkeiten erstmals so etwas wie eine schriftliche Jugendsprache ...

10. Gehe nun darauf ein, welche besonderen Merkmale typisch für Jugendsprache sind, indem du diese anhand von Beispielen verdeutlichst. Erläutere dabei jeweils drei typische Beispiele für mündliche und für schriftliche Jugendsprache. Notiere deine Ergebnisse auch in der vierten Zeile deines Schreibplans (Teilaufgabe ❶ d).

Beispiele für mündliche Jugendsprache (M2):

- Verwendung von bestimmten Begrüßungsformeln (Hey, Digger)
- Verwendung von Begriffen aus dem Englischen ...

Beispiele für schriftliche Jugendsprache (M3)

- korrekte Grammatik, Zeichensetzung und Rechtschreibung spielt keine Rolle
- Verwendung von Kurzsätzen ...

Lösungshilfen zu ❷

11. a) Lies noch einmal die Aussage in der letzten Aufgabe, mit der du dich auseinandersetzen sollst.
    b) Kannst du diese Ansicht teilen? Formuliere deinen Standpunkt.
    c) Suche in den Materialien nach Aspekten, die deine Position stützen, und notiere diese in der letzten Zeile deines Schreibplans.

Hans Zehetmair sagt ...

Ich teile diesen Standpunkt nicht: Natürlich werden bei Twitter, in Handy-Nachrichten oder in Chats viele Abkürzungen verwendet, damit man die Nachrichten schnell lesen und beantworten antworten kann. In allen anderen Bereichen, wie in Klassenarbeiten, Referaten oder Abschlussprüfungen, schreiben Jugendliche aber meistens ganze Texte ohne Abkürzungen. Dies lässt sich auch durch die Aussagen in M3 (Z. 35-40 belegen ...

TIPP zu 11.

In der letzten Aufgabe musst du entweder zu einem Zitat aus dem Text oder zu einer Aussage zum Text Stellung nehmen.
Gehe dazu so vor:

1. Gib die Aussage, zu der du Stellung nehmen sollst, wieder. Erläutere sie, falls nötig.
2. Stelle deine eigene Position dazu dar und begründe, warum du ebenfalls dieser Meinung bist oder warum du die Meinung nicht teilen kannst. Du kannst auch einen Kompromiss erarbeiten.
3. Beziehe dich in deiner Argumentation auf den Text. Ziehe dazu Textbelege heran.
4. Formuliere ein eindeutiges Fazit.

Lösungshilfen zum Schreiben

12. Formuliere deinen Text nach dem Schreibplan. Nachfolgend findest du einige Formulierungshilfen.
    ❶ a) Alle drei Materialien beschäftigen sich aus unterschiedlichen Blickwinkeln mit dem Thema ... Bei M1 handelt es sich um ... M2 ist ein ... M3 hat den Titel ... und ...
    ❶ b) Was aber verstehen Experten eigentlich unter Jugendsprache? M1 und M2 geben dazu ...
    ❶ c) Immer wieder gibt es Kritik am Gebrauch der Jugendsprache ...
    ❶ d) Warum aber benutzen Jugendliche überhaupt eine eigene Sprache? Dazu geben M1 und M3 eine ganz klare Auskunft ...
    ❷ Die Kritik von Hans Zehetmeier kann ich nur schwer nachvollziehen. Er bemängelt, dass Jugendliche kaum noch ganze Sätze verwenden und anstatt eines Liebesbriefs ...

13. Überarbeite deinen Text mithilfe der CHECKLISTE auf Seite 54.

E 7 Aufgabentyp 4b: Selfies im Internet (selbstständiges Üben)

Teil II

1 **Untersuche** und **vergleiche** die Materialien M1 bis M3. Gehe dabei so vor:

- **Stelle** M1 bis M3 kurz **vor** und **benenne** das gemeinsame Thema.
- **Stelle dar**, warum die Menschen Selfies im Internet veröffentlichen (M1).
- **Erkläre**, warum das Posten von Selfies im Internet gerade für Jugendliche so wichtig ist (M2).
- **Stelle** die wesentlichen Aussagen von M3 kurz **dar**.
- **Setze** die Materialien M1 bis M3 zueinander **in Beziehung**, indem du **erläuterst**, welche unterschiedlichen Gefahrenbereiche es im Zusammenhang mit der Veröffentlichung von Selfies im Internet gibt.

2 Ein Vater sagt: *„Meine Tochter macht ständig Selfies, das finde ich nervig, denn Selfies verändern den Blick auf die Welt, weil sich jeder ständig nur noch selbst fotografiert und seine Umwelt gar nicht mehr wahrnimmt."*
Nimm Stellung zu dieser Aussage und **begründe** deine Meinung. Beziehe dich dabei auch auf die Materialien.

M1 Nur ich bin wichtig

Es ist ein nicht mehr ganz neues Phänomen[1]: Alle machen ständig und überall Selfies und zeigen sie der Welt, indem die digitalen Selbstportraits in sozialen Netzwerken wie Facebook oder Instagram gepostet werden.
Die Faszination am eigenen Bild ist jedoch nicht neu. Sie ist, wenn auch in unterschiedlicher Form, so alt wie die Menschheit. Schon im alten Ägypten haben sich die Reichen selbst verewigt, zum Beispiel in Form von Statuen. Und der in sein eigenes Spiegelbild verliebte Narziss[2] zählt zu den Lieblingsmotiven der Kunst von der Antike bis heute. Auch berühmte Maler wie Albrecht Dürer, Rembrandt oder Pablo Picasso schufen mehrere Selbstbildnisse von sich.
Heute kann sich im Gegensatz zu früher nahezu jeder selbst ablichten, das Smartphone macht es möglich. Eine Studie unter Facebook-Nutzern ergab, dass häufiges Posten von Selfies mit geringer sozialer Anerkennung zu tun hat. Das Selbstwertgefühl wächst nämlich mit der Zahl der Likes und Herzchen, die man in den sozialen Medien für sein Selfie bekommt. Selfies macht man also in erster Linie nicht für sich selbst. Vielmehr sie sind die Möglichkeit, auf schnellem Weg Anerkennung und Wertschätzung zu bekommen. Medienexperten weisen aber darauf hin, dass dies ganz normal ist, schließlich will jeder Mensch wertgeschätzt und anerkannt werden.
Forscher haben mittlerweile herausgefunden, dass es verschiedene Typen von Menschen gibt, wenn es um das Posten von Selfies im Internet geht.

a) „Die Kommunikativen", das sind Menschen, die mitteilungsfreudig sind und auch immer an den Sorgen anderer teilhaben wollen.
b) „Die Autobiografen[3]", das sind Menschen, die sich selbst daran erinnern wollen, was sie so alles erlebt haben, und auch andere daran teilhaben lassen wollen.
c) „Die Selbst-Veröffentlicher", das sind Menschen, die die Aufmerksamkeit anderer wie die Luft zum Atmen brauchen. Sie wollen sich selbst immer wieder bestmöglich präsentieren.

In Zukunft wird das Selfie aber noch einmal zusätzlich an Bedeutung gewinnen, und zwar auf ganz andere Art und Weise als bisher. So hat eine Kreditkartenfirma kürzlich angekündigt, dass ihre Kunden ihre Online-Käufe bald mit einem Selfie bestätigen können. Bestellt ein Kunde etwas im Internet und klickt auf den Bezahlbutton, wird er künftig aufgefordert, ein Selfie von sich aufzunehmen und abzusenden. Dadurch wird der Zahlungsauftrag bestätigt. Die Identifikation erfolgt anhand von biometrischen Merkmalen[4], die bei der Kreditkartenfirma gespeichert sind. Ob sich diese Bezahlweise in den nächsten Jahren durchsetzen wird, darüber streiten sich die Experten allerdings noch, weil nicht sicher ist, ob man der Erkennungssoftware hundertprozentig vertrauen kann.

Harald Stöveken, 2016

[1] Phänomen: hier: ungewöhnliches Vorkommnis
[2] Narziss: Name einer Figur aus der griechischen Sagenwelt
[3] Autobiografie: Beschreibung des eigenen Lebens
[4] Identifikation anhand biometrischer Merkmale: automatisierte Erkennung von Personen anhand ihrer gemessenen und ausgewerteten Merkmale durch Nutzung von Computertechnik, z. B. Gesichtsbild, Fingerabdruck usw.

M2 Interview mit einer Medienforscherin (Frau M.)

Reporter: Frau M., vor zwanzig Jahren wurde nichts so oft fotografiert wie der Eiffelturm. Heute sind wir selbst unser liebstes Fotomotiv. Wie kommt das?
Frau M.: Selfies sind ein besonderes Phänomen. Sie zeigen, dass eine bestimmte Technik Rituale einer ganzen Generation prägen kann. Fast jeder hat das Smartphone heute ständig in der Hand, also fehlen nur zwei Klicks zum Selfie. Eine Million Selfies werden pro Tag weltweit gemacht und versendet.
Reporter: Aber dennoch warnen sie vor der Veröffentlichung von Selfies im Internet?
Frau M.: Wenn jemand alles per Selfie und Smartphone dokumentieren muss und auch mal 50 Fotos am Stück knipst, um alles perfekt hinzubekommen, dann ist er der Selfie-Sucht nahe. Besonders gefährdet sind Jugendliche, vor allem jüngere Mädchen.
Reporter: Gibt es dafür bestimmte Gründe?
Frau M.: Insbesondere bei Jugendlichen ist der Wunsch nach Anerkennung groß, weil gerade in dieser Lebensphase Verunsicherung und Selbstfindung mit im Spiel sind. Es geht darum herauszufinden, wer man ist und wie man auf andere wirkt. Wer sich im Internet zeigt, indem er Selfies postet, und dabei von anderen nicht nur gesehen, sondern auch positiv bewertet wird, verschafft sich ein befriedigendes Gefühl, eine Art Selbstgenuss.
Eine Studie hat allerdings auch gezeigt, dass derjenige, der zu viele Selfies postet, auf andere schnell selbstverliebt und unsympathisch wirkt. Dadurch können Freundschaften und sogar Beziehungen beeinträchtigt werden.
Natürlich erfüllen Selfies für Jugendliche auch noch andere Funktionen. Oft bieten sie einfach nur die Möglichkeit, den Spaß, den man gerade hat, mit anderen zu teilen und so auch mit anderen in Kontakt bzw. im Gespräch

zu bleiben. Statt miteinander zu telefonieren und von dem Erlebten zu erzählen, postet man heute einfach ein Selfie. Wer jung ist und z. B. gerade ganz cool Urlaub macht, spart sich so einfach die Urlaubspostkarten an die Freunde und die Familie.

Reporter: Aber birgt die Veröffentlichung von Selfies im Internet nicht noch weitere Gefahren?

Frau M.: Ja, ich bezeichne das Selfie auch manchmal als Sicherheitsrisiko. Wer Selfies postet, gibt damit einen Haufen Informationen von sich preis. Urlaubs-Selfies sind das, was früher ein überfüllter Briefkasten war. Einbrecher nutzen sie, indem sie in den sozialen Medien gezielt danach suchen, ob ein Nutzer mit seinem Klarnamen ein Bild aus den Ferien postet. Mit etwas Recherche können die Verbrecher dann herausfinden, wo er wohnt, und in Ruhe dort einbrechen.

Reporter: Was raten Sie also?

Frau M.: Wer mit seinem Selfie in die sozialen Medien geht, muss wissen, dass jeder das Bild verwenden kann. Auch wenn das nicht legal ist, kann man sich nur schwer davor schützen. Schnell können Selfies in falsche Hände geraten und missbraucht werden. Die Folge ist Rufschädigung durch sogenanntes Cyber-Mobbing[1]. Und selbst wenn man nur unverfängliche Selfies postet, ist es doch so, dass mithilfe von modernen Bildbearbeitungsprogrammen leicht die Gesichter daraus ausgeschnitten und in andere Bilder eingesetzt werden können, ohne dass auf den ersten Blick zu erkennen ist, dass es sich nur um eine Fotomontage handelt. Und im Internet sind Bilder oft für immer zugänglich. Deshalb sollte man sehr vorsichtig sein, wenn man Selfies postet. Wer auf Nummer sicher gehen will, verzichtet besser ganz darauf!

erschienen im Neustädter Tageblatt, 19.08.2016

[1] Cyber-Mobbing: Mobbing mithilfe elektronischer Kommunikationsmittel (Computer, Smartphone ...) über das Internet

M3 Lena S.: „Warum ich keine Selfies mehr poste!“

Nachdem ich in der letzten Woche in meinem Blog ein Selfie von mir beim Kochen gepostet habe, ist mir erstmals richtig bewusst geworden, wie leicht so etwas vermeintlich Harmloses ins Negative umschlagen kann. In zahlreichen beleidigenden Kommentaren wurde mir vorgeworfen, dass ich zur Selbstverliebtheit neige, weil ich mich selbst beim Kochen und nicht das fertige Essen fotografiert habe. Außerdem gab es viele fiese Äußerungen zu meiner Figur. Als wären die gehässigen Kommentare noch nicht genug, hat jemand mein Bild dann auch noch geklaut und manipuliert, indem er mein Gesicht auf einen fremden Körper montiert hat, sodass ich unglaublich dick wirke. Dieses gefälschte Bild von mir geistert nun durch alle möglichen Internetforen, natürlich auch wieder mit den entsprechenden gemeinen Kommentaren versehen. Nach dieser Erfahrung habe ich mich entschieden, keine Selfies mehr zu posten. Zwar ist die Manipulation[1] meines Bildes rechtswidrig, aber trotzdem wird es mir wahrscheinlich nicht gelingen, dagegen vorzugehen und das Bild aus dem Internet entfernen zu lassen.

Textauszug aus einem Interview mit der Bloggerin Lena Stocker (2017)

[1] Manipulation: hier: absichtliche Verfälschung

E 8 Aufgabentyp 4b: Das Smartphone – Unser ständiger Begleiter (selbstständiges Üben)

Teil II

1. **Untersuche** und **vergleiche** die Materialien M1, M2 und M3 in einem zusammenhängenden Text. Gehe dabei so vor:
   - **Stelle** die Materialien M1 bis M3 kurz **vor** und **benenne** das gemeinsam Thema.
   - **Fasse** den Inhalt von M1 kurz **zusammen**.
   - **Stelle dar**, wozu Smartphones am häufigsten benutzt werden (M2).
   - **Stelle** die wesentlichen Aussagen von M3 **dar** (Verhalten der Handy-Besitzer, ...).
   - **Vergleiche** die Materialien M1 bis M3, indem du Vor- und Nachteile des Handys als ständiger Begleiter **erläuterst**. Beziehe dazu die Aussagen von M1 bis M3 ein.

2. Eine Kassiererin klagt: *„Man fühlt sich behandelt wie ein Stück Vieh. Während ich bediene und die Einkäufe in die Kasse eingebe, reden sie (die Kunden) munter ins Telefon und beachten mich überhaupt nicht. Das ist sehr beleidigend."*
   Nimm Stellung zu dieser Aussage und **begründe** deine Meinung.
   Beziehe dich dabei auch auf die Materialien.

M1 Das Smartphone – Unser ständiger Begleiter

Nicht ohne mein Handy! In neun von zehn deutschen Haushalten gibt es mittlerweile mindestens ein Handy. Damit ziehen Handys mit dem klassischen Festnetzanschluss praktisch gleich. Unter den 12- bis 19-Jährigen besitzen sogar 98 Prozent ein Handy, die meisten mittlerweile ein Smartphone. Das Mobiltelefon hat unseren Alltag stark verändert, es ist aus dem Alltag nicht mehr wegzudenken. So wie sich die Ausstattung dieser Geräte ständig ändert, so haben sich auch die Möglichkeiten der Nutzung dieser Geräte immer mehr verwandelt. Sie werden ständig vielfältiger, flexibler und komplexer nutzbar[1].

Die Menschen sind immer erreichbar, ständig verbunden, nehmen permanent am Leben von anderen teil und sind live bei den Erlebnissen anderer zugeschaltet. Sie posten auf Facebook oder Twitter und verschicken ständig Nachrichten und Fotos. Ein Smartphone kann aber noch viele andere Dinge. Es ist ein Lexikon zum Nachschlagen wichtiger Begriffe, ein Fotoapparat, eine Videokamera, ein Vokabeltrainer, ein Musikabspielgerät, ein Kalender mit Terminen, eine Spielekonsole, ein Fotoalbum, ein Taschenrechner, ein Navi, eine Zeitung usw.

Immer mehr Menschen erwarten von ihren Mitmenschen, dass diese auch stets mobil erreichbar sind. Interessant dabei ist, dass viele nicht mit einem großen Kreis von Personen Kontakt haben, sondern dass mehr als die Hälfte der Telefongespräche, Nachrichten und SMS im Durchschnitt nur an vier bis sechs Menschen gehen, nämlich an die engsten Verwandten und Freunde, mit denen man sich ohnehin oft trifft. Forscher sehen in dieser Zahl den Beweis dafür, wie stark das Mobiltelefon zum festen Bestandteil der Privatsphäre geworden ist. Mit dem Handy wird mit den engsten Freunden und Verwandten kommuniziert. Sich über Gedanken oder Gefühle auszu-

tauschen, eine positive SMS zu verschicken oder ein lustiges Video weiterzuleiten, all das gehört heute zur Kommunikation innerhalb einer festen Bezugsgruppe dazu.
Die Finnen nennen ihr Mobiltelefon „Kanny“, was nichts anderes bedeutet als „Verlängerung der Hand“. Und so kommt es vielen Menschen mittlerweile vor – als wäre das Handy ein fester Bestandteil des Körpers, also quasi an der Hand angewachsen.

Harald Stöveken (2016)

[1] flexibler und komplexer nutzbar: in den verschiedensten Situationen bzw. auf verschiedenste Weise nutzbar

M2 Was Smartphone-Nutzer mit ihrem Gerät machen

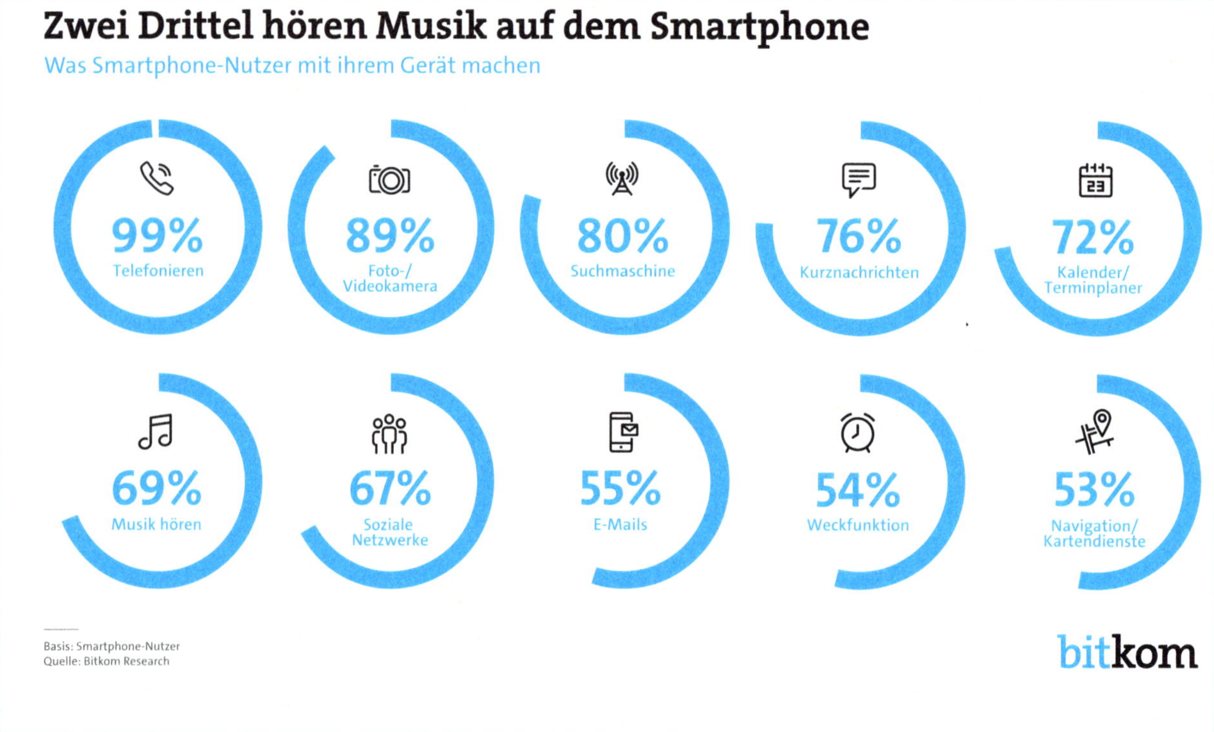

M3 Menschen, die auf Smartphones starren

Man kann das täglich beobachten, an jeder beliebigen Supermarktkasse, im Bus oder in der Schlange beim Bäcker. Tippen, surfen, quatschen - der moderne Mensch wartet nicht mehr einfach nur, er schaut auf sein Smartphone. Erstmals hat nun ein Bäcker seinen Kunden in der Warteschlange verboten, mit dem Handy herumzuspielen, zu telefonieren, zu surfen oder Nachrichten zu tippen. In dem Laden stehen große Schilder mit der Aufschrift: Wer telefoniert, wird nicht bedient!
Der Bäckermeister argumentiert, dass die Handy-Gucker den Betrieb aufhalten, weil sie oft nicht merken, dass sie an der Reihe sind. „Das ist unhöflich und auch eine Beleidigung für unser Personal“, sagt er. Mit seiner Anti-Smartphone-Aktion findet er mittlerweile viel Beifall und auch Nachahmer.

„Mit der einen Hand halten sie das Smartphone, mit der anderen fuchteln sie in der Gegend herum, um auf das zu zeigen, was sie haben möchten. Wünsche äußern können sie nicht, weil sie gerade telefonieren", sagt ein anderer Ladenbesitzer. Auch in bestimmten Restaurants werden Gäste nicht mehr bedient, die ihr Smartphone benutzen. „Andere Gäste, die nicht telefonieren, sondern gut essen und sich unterhalten wollen, ärgern sich maßlos darüber, dass sie das Gequatsche eines anderen Gastes mit anhören müssen. Darum habe ich es untersagt", sagt ein Restaurantbesitzer.
Nicht nur in ICE-Zügen, wo es ganze Wagen gibt, in denen die Handynutzung untersagt ist, sondern auch in großen Einkaufszentren oder Warenhäusern wird mittlerweile darüber nachgedacht, vor den Kassen das Telefonieren zu verbieten. Eine der Kassiererinnen klagt: „Man fühlt sich behandelt wie ein Stück Vieh. Während ich bediene und die Einkäufe in die Kasse eingebe, reden sie munter am Telefon und beachten mich überhaupt nicht. Das ist sehr beleidigend".

nach: Helmut Hetzel „Menschen, die auf Smartphones starren", HAZ vom 16.1.2016 (gekürzt und ergänzt)

F Original Prüfungsaufgaben: Mittlerer Schulabschluss NRW

F 1 Leseverstehen: Till Krause: TOTAL ÜBERZEICHNET (2016)

TOTAL ÜBERZEICHNET *Till Krause*

Früher war das Ausrufezeichen eine Besonderheit. Und heute? Stehen am Ende jedes Facebook-Kommentars gleich drei davon. Das ist falsch – hat aber ein paar echte Vorteile.

(1) Wo man auch hinschaut: Das Ausrufezeichen ist schon da, oft sogar mehrfach. Auf Schildern („Die Benutzung der Toilette ist kostenlos!!“), Wahlplakaten („Gerechtigkeit!“), Briefen („Sehr geehrter Herr Krause!“). Diese Sätze wären auch mit Punkt oder Komma ausgekommen, aber das war offenbar zu wenig. Bei Facebook und WhatsApp ist es längst normal, dass Sätze mit einem Ausrufezeichen enden. Zwischen „toll!!!!“ und „juhu!!!“ wäre ein nüchternes „Schön“ beinahe ein Affront[1]. Wie albern!!

(2) Denn streng genommen gibt es laut deutscher Grammatik keinen Platz für zwei Ausrufezeichen hintereinander, sagt Ursula Bredel, Professorin für deutsche Sprache an der Universität Hildesheim und Autorin eines Buchs über Satzzeichen. „Bei kaum einem Zeichen wird so oft gegen die Regeln verstoßen wie beim Ausrufezeichen“, sagt sie und lacht: „Sprache hält sich ungern an Regeln. Spannender ist es, sich zu fragen, warum Menschen Zeichen auf eine bestimmte Art verwenden.“ Dass das Ausrufezeichen öfter verwendet wird als früher, hat das wissenschaftliche *Journal of Computer-Mediated Communication* schon 2006 beschrieben. Wieso also diese Inflation[2] des Ausrufezeichens? „Weil es so vielseitig ist“, sagt Bredel, „und perfekt in eine Zeit passt, in der dank Kurzmitteilungen und Twitter die Grenzen zwischen Schreiben und Sprechen immer mehr verschwimmen.“ Laut aktuellem Duden verleiht das Zeichen „dem Vorangehenden einen besonderen Nachdruck“, ist also eine Art Lineal, das wichtige Sätze noch mal unterstreicht. Dabei ist das Ausrufezeichen längst mehr als das, „es wird offenbar dringender gebraucht als früher“, sagt Bredel.

Denn es kann helfen, ein altes Problem der geschriebenen Sprache in den Griff zu bekommen: Schrift muss ohne Gestik und Mimik auskommen. Und das kann zu Verwirrung führen. In einer Zeit, die der Autor Mark Greif als „Ära der Ironie“[3] bezeichnet, weil man bei jeder Aussage erst mal prüfen muss, ob sie nicht vielleicht als Witz gemeint sein könnte.

(3) „Beim Gespräch kann man ein Augenzwinkern leicht erkennen – in einer Mail nicht. Deshalb braucht es in der Schriftsprache kleine Tricks, die deutlich machen, was man wirklich meint. Besonders populär: Smileys wie ;) – „aber die sind für offizielle Kommunikation zu flapsig[4]“, sagt die Sprachwissenschaftlerin. Der Kulturkritiker Theodor Adorno nannte das Ausrufezeichen vor mehr als fünfzig Jahren eine „verzweifelte Schriftgebärde, die vergebens über die Sprache hinausmöchte“. Das mag sein, geht aber an einem wichtigen Punkt vorbei: Oft ist es wirklich notwendig, sich nicht nur auf die reinen Buchstaben zu verlassen.

(4) In E-Mails und bei Facebook scheint sich die wahre Bedeutung erst durch die Satzzeichen zu erschließen:

„Genial ..." bedeutet: oh je.
„Genial." bedeutet: geht so.
„Genial!" bedeutet: gut.
„Genial!!!" bedeutet: wirklich genial.

(5) Dass nun ausgerechnet das Ausrufezeichen so beliebt ist, liegt an seiner Wandelbarkeit. Nach der Anrede bei Briefen war das Zeichen bis in die Sechzigerjahre üblich – heute wirkt das unpassend. Dafür ist eine andere Funktion des Zeichens sehr gefragt: Man kann damit auf wenig Raum viel sagen. Wer schon mal einen Stapel Papier auf dem Schreibtisch gefunden hat, auf den jemand ein Post-it[5] mit einem simplen „!" geklebt hat, der weiß: Das hier ist offenbar wichtig. Und Autofahrer auf der ganzen Welt kennen das Zeichen, das in Deutschland unter der Nummer StVO 101 firmiert[6]: ein Warnschild mit einem Ausrufezeichen. Es bedeutet: Achtung, Gefahrenstelle. Kürzer lässt sich das kaum ausdrücken.

(6) Für Ursula Bredel, die Ausrufezeichen-Expertin, stellt dieses Verkehrsschild eine mustergültige Verwendung dar. „Das Zeichen wird korrekterweise verwendet, wenn der Absender zeigen will: Achtung, hier kommt etwas Unerwartetes." Das Schild drückt die Vermutung aus: Der Fahrer passt nicht auf – und will ihn auf eine kommende Gefahr hinweisen. Aus demselben Grund steht auf offiziellen Formularen das Ausrufezeichen nicht hinter dem Satz „Bitte ausfüllen" (das ist schließlich eine Selbstverständlichkeit), sondern hinter der Aufforderung „Hier bitte nicht beschriften!". „Der Normalfall braucht kein Ausrufezeichen – nur die Ausnahme", sagt die Sprachwissenschaftlerin. Wenn also der Chef auf einen Vorschlag per E-Mail mit „gut!" antwortet, bedeutet das genau genommen, dass er eigentlich nichts Gutes erwartet hat – und jetzt überrascht ist, dass man etwas Brauchbares geliefert hat.

Till Krause: TOTAL ÜBERZEICHNET. In: Süddeutsche Zeitung Magazin vom 23.5.14, Nr. 21, S. 26 – 27.

[1] Affront: hier: Beleidigung
[2] Inflation: hier: sehr häufiger Gebrauch
[3] Ära der Ironie: Zeitalter, in dem viele Aussagen mehrdeutig (z. B. ironisch) sein können
[4] flapsig: locker, nicht ernsthaft
[5] Post-it: Klebezettel für Notizen
[6] Zeichen, das in Deutschland unter der Nummer StVO 101 firmiert: Zeichen, das in Deutschland in der Straßenverkehrsordnung (StVO) unter der Nummer 101 bekannt ist

Aufgaben zum Leseverstehen[1]

1 Kreuze die richtige Antworte an.

In Abschnitt 1 wird über das Ausrufezeichen gesagt, dass es ...

a)	im Internet für jeden Satz benutzt wird.	
b)	seltener als Punkt oder Komma getippt wird.	
c)	in Texten statt Punkt oder Komma getippt wird.	
d)	nur als albernes Zeichen benutzt wird.	

[1] Quelle (Aufgaben): Ministerium für Schule und Weiterbildung des Landes Nordrhein-Westfalen, Düsseldorf 2016

2 Kreuze die richtige Antwort an.

Nach Meinung von Ursula Bredel (Abschnitt 2), Professorin für deutsche Sprache, ...

a)	werden Ausrufezeichen oft nicht entsprechend der Regel gesetzt.	
b)	sollte es in der deutschen Grammatik zwei Ausrufezeichen geben.	
c)	wird bei Satzzeichen insgesamt selten gegen die Regel verstoßen.	
d)	sollten die Satzzeichen grundsätzlich viel öfter gesetzt werden.	

3 Kreuze die richtige Antwort an.

Laut Bredel passt das Ausrufezeichen besonders gut in die heutige Zeit (Abschnitt 2), weil ...

a)	es von Redakteuren des Dudens als besonders wichtig angesehen wird.	
b)	die Grenzen zwischen Gestik und Mimik in der heutigen Zeit verschwimmen.	
c)	es in sozialen Netzwerken wie Facebook immer häufiger benutzt wird.	
d)	sich die geschriebene und die gesprochene Sprache immer mehr ähneln.	

4 Kreuze die richtige Antwort an.

Mit dem Ausdruck, das Ausrufezeichen „ist also eine Art Lineal“ (Z. 21), ist gemeint, dass das Ausrufezeichen ...

a)	unwichtige Aussagen im Satz streicht.	
b)	laut Duden eine wichtige Bedeutung erhält.	
c)	heute wichtiger als früher geworden ist.	
d)	wesentliche Aussagen hervorhebt.	

5 Kreuze die richtige Antworte an.

Schriftliche Texte können verwirrend für den Leser sein (Abschnitt 2), weil sie ...

a)	sehr oft zu kompliziert geschrieben sind.	
b)	auf die Körpersprache verzichten müssen.	
c)	überflüssige Ausrufezeichen enthalten.	
d)	häufig nicht genau genug gelesen werden.	

6 Kreuze die richtige Antwort an.

Smileys übernehmen eine wichtige Aufgabe in Texten (Abschnitt 3), denn sie ...

a)	eignen sich besonders für die offizielle Kommunikation.	
b)	zwinkern und lächeln dem Leser der Aussage freundlich zu.	
c)	verstärken eine unfreundliche Aussage durch Witz und Ironie.	
d)	weisen auf die eigentliche Bedeutung einer Aussage hin.	

7 Erläutere die Aussage „Oft ist es wirklich notwendig, sich nicht nur auf die reinen Buchstaben zu verlassen" (Z. 36 – 37) im Textzusammenhang.

____

____

____

____

8 Kreuze die richtige Antwort an.

Der Vergleich der Beispiele (Abschnitt 4) zeigt, dass ...

a)	sich durch Satzzeichen der Sinn einer Aussage ändert.	
b)	das Adjektiv „genial" in E-Mails gern verwendet wird.	
c)	die Sätze in E-Mails und bei Facebook sehr kurz sind.	
d)	Ausrufezeichen bei Facebook immer beliebter werden.	

9 Kreuze die richtige Antwort an.

In Abschnitt 5 wird gesagt, dass das Ausrufezeichen ...

a)	in Briefen eine andere Bedeutung hat als in E-Mails.	
b)	auf Post-its in der Regel keine Funktion hat.	
c)	heute anders benutzt wird als vor einigen Jahrzehnten.	
d)	besonders in den Sechzigerjahren sehr beliebt war.	

10 Kreuze die richtige Antworte an.

Die Botschaft auf dem Verkehrsschild mit einem Ausrufezeichen (Abschnitt 5) ist ...

a)	zweckmäßig.	
b)	widersprüchlich.	
c)	mehrdeutig.	
d)	unklar.	

11 Kreuze die richtige Antwort an.

Das Ausrufezeichen wird nach Bredel dann richtig verwendet (Abschnitt 6), wenn es auf Folgendes hinweist:

a)	das Ende eines Satzes.	
b)	eine zentrale Vermutung.	
c)	etwas Überflüssiges.	
d)	etwas Überraschendes.	

12 Kreuze die richtige Antwort an.

In offiziellen Formularen kennzeichnet das Ausrufezeichen (Abschnitt 6) ...

a)	eine belanglose Äußerung.	
b)	eine besondere Anweisung.	
c)	den selbstverständlichen Fall.	
d)	eine Selbstverständlichkeit.	

13 Kreuze die richtige Antwort an.

Die Überschrift „Total überzeichnet" bedeutet, dass Ausrufezeichen wichtig sind, aber ...

a)	zu Untertreibungen führen.	
b)	von großer Bedeutung sind.	
c)	zu häufig verwendet werden.	
d)	zu groß dargestellt werden.	

14 Eine Schülerin sagt nach dem Lesen des Textes:

„Ausrufezeichen machen das Lesen von Texten komplizierter."

Du kannst dieser Aussage zustimmen oder nicht. Wichtig ist, dass du deine Meinung begründest und dich auf mehrere Textaussagen beziehst.

____

____

____

____

____

____

____

F 2 Aufgabentyp 4a: Haruki Murakami: Die unheimliche Bibliothek (2016)

Wahlthema 1

Lies bitte zunächst den Text, bevor du die Aufgaben bearbeitest.
Schreibe einen zusammenhängenden Text.

Aufgabenstellung[1]

Analysiere den Textauszug aus dem Roman „Die unheimliche Bibliothek" von Haruki Murakami.

Gehe dabei so vor:
- **Schreibe** eine Einleitung, in der du Titel und Autor benennst und das Thema formulierst.
- **Fasse** den Text kurz **zusammen.**
- **Stelle dar**, wie der Bibliothekar sein Verhalten gegenüber dem Ich-Erzähler im Verlauf des Textes ändert.
- **Untersuche**, wie der Ich-Erzähler auf den Bibliothekar reagiert.
- **Erläutere**, wie durch sprachliche Mittel eine unheimliche Stimmung erzeugt wird *(mögliche Aspekte: Wortwahl, sprachliche Bilder, ...).*
- **Verfasse** einen kurzen Text aus der Sicht des Ich-Erzählers:
  - Welche Gedanken hat der Ich-Erzähler, nachdem er beschlossen hat, noch länger in der Bibliothek zu bleiben?
  - Wie bewertet der Ich-Erzähler seine Lage?
- **Schreibe** in der Ich-Form und berücksichtige die Informationen, die der Textauszug gibt.

Die unheimliche Bibliothek (Textauszug) *Haruki Murakami*

„Ich war schon häufig in dieser Bücherei gewesen, aber erst jetzt erfuhr ich, dass sie einen Keller hatte. Obwohl ich ganz normal an der Tür klopfte, klang es so unheimlich, als hätte ich mit einer Keule an die Pforte der Hölle geschlagen. Am liebsten hätte ich auf der Stelle kehrtgemacht und die Flucht ergriffen. Aber ich tat es nicht. Denn so hatte man es mir beigebracht. Hast du einmal irgendwo angeklopft, musst du auf Antwort warten.

„Herein!", tönte es von drinnen. Die Stimme war leise, aber tragend.

Ich öffnete die Tür.

Im Zimmer stand ein kleiner alter Schreibtisch, hinter dem ein zierlicher alter Mann saß. Er hatte lauter schwarze Flecken im Gesicht, anscheinend Fliegen. Er trug eine Brille mit dicken Gläsern und hatte eine Glatze, war aber nicht völlig kahl. Weißes, krauses Haar sträubte sich um seinen Kopf, als wäre ein Buschbrand darüber hinweggefegt.

„Nur herein, junger Herr", sagte der Alte. „Wie kann ich dir behilflich sein?"

„Ich such ein Buch", sagte ich schüchtern. „Aber wenn Sie beschäftigt sind, kann ich auch später ..."

„O nein, durchaus nicht, schließlich ist es meine Aufgabe, Bücher herauszusuchen."

Der hat aber eine sonderbare Art zu reden, dachte ich. Noch sonderbarer fand ich allerdings sein Aussehen. Aus seinen Ohren sprossen lange Haare, und von seinem Kinn hing die Haut herunter wie ein schlaffes Segel.

[1] Quelle (Aufgaben): Ministerium für Schule und Weiterbildung des Landes Nordrhein-Westfalen, Düsseldorf 2016

- gruselig
- schmerzhaft
- unangenehm
- ängstlich

„Nach welchem Buch belieben der junge Herr auf der Suche zu sein?“ fragte der Alte.

„Ich möchte etwas über die Methoden der Steuereintreibung im Osmanischen Reich[1] erfahren“, sagte ich.

Die Augen des Alten blitzten. „Ich verstehe, Steuereintreibung im Osmanischen Reich. Ja, das ist freilich hochinteressant.“

Mir wurde unbehaglich zumute. Um ehrlich zu sein, war ich keineswegs sonderlich erpicht[2] darauf, etwas über die Steuern im Osmanischen Reich zu erfahren. Doch hatte sich mir auf dem Heimweg von der Schule unvermittelt die Frage gestellt: Wie haben die eigentlich damals im Osmanischen Reich die Steuern eingetrieben? Und wenn ich etwas nicht wusste, ging ich immer sofort in die Stadtbücherei, um es herauszufinden. Schon von klein auf.

„So wichtig ist es nun auch wieder nicht“, sagte ich. „Nichts, was unbedingt sein müsste. Das ist ja ein sehr fachspezifisches Thema ...“

Ich wollte so schnell wie möglich aus diesem unheimlichen Zimmer verschwinden.

„Rede keinen Quatsch“, sagte der Alte beleidigt. „Wir haben hier durchaus mehrere Werke über die Steuereintreibung im Osmanischen Reich. Willst du dich über unsere Bibliothek lustig machen, junger Mann?“

„Nein, das liegt wirklich nicht in meiner Absicht“, entgegnete ich hastig. „Auf keinen Fall.“

„Dann wartest du jetzt mal ganz brav hier.“

„Ja“, sagte ich.

Gebeugt erhob der Alte sich von seinem Stuhl, öffnete eine Eisentür auf der anderen Seite des Raumes und verschwand dahinter. Etwa zehn Minuten stand ich dort und wartete. Einige längliche Insekten umkreisten den Schirm der Deckenlampe. Endlich kam der Alte mit drei dicken Bänden im Arm zurück. Alle drei wirkten uralt, und der Geruch von stockigem[3] Papier breitete sich im Zimmer aus.

„Da!“, sagte der Alte. „*Steuern im Osmanischen Reich, Tagebuch eines Steuereintreibers im Osmanischen Reich* und *Die Bewegung gegen die Osmanische Steuerpolitik und ihre Niederschlagung*. Du siehst, wir haben allerhand zu diesem Thema.“

„Verbindlichsten Dank“, sagte ich höflich. Ich nahm die drei Bücher und schickte mich an, das Zimmer zu verlassen.

„Halt, mein Freund!“, rief der Alte mir nach. „Diese Werke dürfen nicht ausgeliehen werden.“

Bei genauerem Hinsehen trugen die Buchrücken tatsächlich rote Aufkleber, die ein solches Verbot anzeigten.

„Ich muss dich also bitten, sie hier zu lesen.“

Ich sah auf meine Armbanduhr. Zwanzig nach fünf. „Aber die Bücherei schließt doch gleich. Außerdem macht meine Mutter sich Sorgen, wenn ich bis zum Abendessen nicht zu Hause bin.“

Der Alte zog seine langen Augenbrauen zusammen. „Wegen der Schließzeit brauchst du dir keine Gedanken zu machen. Hier wird gemacht, was ich sage. Du weißt wohl meine Gutmütigkeit nicht zu schätzen? Was meinst du, wozu ich die drei dicken Wälzer hier angeschleppt habe? Um mir Bewegung zu verschaffen? Hä?"

„Verzeihen Sie", sagte ich. „Ich wollte Ihnen keine Umstände machen. Ich wusste ja nicht, dass man die Bücher nicht ausleihen darf."

Der Alte räusperte sich aus tiefster Kehle und spuckte etwas, das vermutlich Schleim war, in ein Papiertaschentuch. Die Tupfer in seinem Gesicht zuckten vor Schreck zusammen.

„Gewusst oder nicht gewusst, papperlapapp! Als ich in deinem Alter war, war ich froh, wenn ich überhaupt etwas zu lesen bekam. Was redest du da für einen Mumpitz[4] von Schließzeit und zu spät zum Abendessen kommen?"

„Also gut, ich werde eine halbe Stunde hier lesen", sagte ich.

Haruki Murakami: Die unheimliche Bibliothek. Köln: Dumont Buchverlag, 2014. S. 5 – 11.

[1] Osmanisches Reich: Großmacht im Mittelmeerraum, in Südosteuropa und dem Nahen Osten, die nach dem Ersten Weltkrieg zerfiel
[2] auf etwas erpicht sein: auf etwas Wert legen
[3] stockig: muffig
[4] Mumpitz: Unsinn

F 3 Aufgabentyp 2: Sprachenreichtum an unserer Schule (2016)

Wahlthema 2

Am 1. Juli findet an deiner Schule ein Projekttag „Sprachenreichtum an unserer Schule" statt. Dafür wird ein Ordner zur Vorbereitung erstellt, der allen Schülerinnen und Schülern sowie Lehrkräften zur Verfügung steht. Du bist gebeten worden, für den Vorbereitungsordner einen informierenden Text zum Thema „Mehrsprachigkeit" zu verfassen. Um deinen Text schreiben zu können, bekommst du eine Materialsammlung (M1 – M7).

Lies bitte zunächst die Aufgabenstellung und dann die Materialien aufmerksam durch, bevor du mit dem Schreiben beginnst.

Aufgabenstellung[1]

Verfasse auf der Grundlage der Materialien M1 – M7 einen **informierenden Text** zum Thema „Mehrsprachigkeit". Schreibe nicht einfach aus den Materialien ab, sondern achte auf eine eigenständige Darstellung in einem zusammenhängenden Text.

Gehe dabei so vor:
- **Formuliere** für den Text eine passende Überschrift.
- **Schreibe** eine Einleitung, in der du kurz **erklärst**, was Mehrsprachigkeit ist.
- **Stelle** die Vorteile und die Herausforderungen **dar**, wenn man von Geburt an mehrsprachig aufwächst.
- **Erläutere**, wie sich die Meinungen zu „Mehrsprachigkeit ab Geburt" geändert haben.
- **Schlussfolgere** anhand der Materialien und eigener Überlegungen, warum Mehrsprachigkeit in der Zukunft noch wichtiger wird.
- **Notiere** unterhalb des Textes die Nummern der von dir genutzten Materialien.

M1 Definitionen

a) Mehrsprachigkeit von Geburt an

Hinsichtlich von zweisprachig aufwachsenden Kindern ist damit gemeint, dass zwei Sprachen zur gleichen Zeit erworben werden: Zweisprachig aufwachsende Kinder lernen also die Laute, Wörter und die Grammatik von mindestens zwei unterschiedlichen Sprachen gleichzeitig.

http://www.dbl-ev.de/service/eu-tag-der-logopaedie/2014/mehrsprachigkeit-was-ist-das.html; Seitenaufruf am 18.1.16

b) Mehrsprachigkeit durch Fremdsprachenunterricht

Mehrsprachigkeit, die durch das gesteuerte Unterrichten einer fremden Sprache im Klassenzimmer entsteht.

revistas.ucm.es/index.php/RFAL/article/download/36543/35377; Seitenaufruf am 18.1.16

c) Unterscheidungsmerkmale bei Mehrsprachigkeit

Es handelt sich um unterschiedliche Arten von Mehrsprachigkeit, je nachdem ob man mehrere Sprachen von Kind auf gleichzeitig erwirbt oder sie nacheinander lernt. Dann bestehen die Unterschiede darin, ob man die Sprache in einer natürlichen Umgebung erwirbt oder ob man sie in der Schule lernt. Und schließlich muss man noch unterscheiden, ob man die Sprachen als Kind oder als Erwachsener erwirbt.

Claudia Maria Riehl: Mehrsprachigkeit. Eine Einführung. Darmstadt: Wissenschaftliche Buchgesellschaft, 2015. S. 11.

[1] Quelle (Aufgaben): Ministerium für Schule und Weiterbildung des Landes Nordrhein-Westfalen, Düsseldorf 2016

M2 Wanderer zwischen den Wortwelten | Bas Kast

Mit mehr als einer Sprache groß zu werden, ist für Kinder ein Problem – so eine verbreitete Ansicht. Das widerlegen aktuelle Studien: Wer von klein auf nicht nur eine Muttersprache hat, ist im Schnitt sogar schlauer!

Zweisprachigkeit macht blöd! So lautet etwas salopp die These, von der die Psychologen Elizabeth Peal und Wallace Lambert ausgingen, als sie Anfang der 1960er Jahre untersuchten, wie sich zweisprachige Erziehung auf die Kindesentwicklung auswirkt. Die Forscher von der McGill University im kanadischen Montreal vertraten damit nichts anderes als die einstige Lehrmeinung unter Pädagogen. Seit dem 19. Jahrhundert hatten Erziehungsexperten eindringlich vor den vermeintlichen Gefahren des Bilingualismus[1] gewarnt. „Wenn es für ein Kind möglich wäre, in zwei Sprachen gleichzeitig zu leben – umso schlimmer! Sein intellektuelles Wachstum wird dadurch nicht verdoppelt, sondern halbiert“, urteilte etwa der Schotte Simon Somerville Laurie (1829 – 1909), erster Professor für Theorie, Geschichte und Kunst der Erziehung an der University of Edinburgh. Die Sache schien also schon ausgemacht, ehe das kanadische Forscherduo knapp ein halbes Dutzend Montrealer Schulen betrat, um die geistige Fitness der zehnjährigen Schüler per IQ-Test auf die Probe zu stellen. Amtssprache in Montreal ist Französisch; nicht wenige Kinder jedoch hatten das „Pech“, zusätzlich mit Englisch aufzuwachsen. Sie würden nicht nur bei der Intelligenzprüfung (vor allem in deren sprachlichen Teilen) schlechter abschneiden, sondern auch in den schulischen Leistungen ihren Klassenkameraden hinterherhinken, glaubten Peal und Lambert. Die Überraschung folgte: Keine der Hypothesen ließ sich bestätigen! Die zweisprachigen Kinder hatten im Gegenteil sogar bessere Noten als die einsprachigen, und sie waren in fast jedem IQ-Test, ob verbal oder nichtverbal, ihren Mitschülern teils weit überlegen. Bei keinem Aufgabentyp hatten einsprachige Schüler die Nase vorn.

Heute wissen wir: Ja, eine zweisprachige Erziehung hat Nebenwirkungen – allerdings sind diese in den meisten Fällen nicht bedenklich, sondern überaus wünschenswert. Die möglichen negativen Folgen sind schnell erzählt. Sie betreffen das Vokabular. Zweisprachige Kinder kennen in den einzelnen Sprachen im Schnitt etwas weniger Wörter als einsprachige. Zeigt man ihnen einen bestimmten Gegenstand, brauchen Zweisprachige außerdem einen Tick länger, um die entsprechende Bezeichnung aus den Tiefen des Wortgedächtnisses hervorzuholen. Das war's! Die Furcht vor einem verzögerten Spracherwerb oder anderen geistigen Schwächen hat sich in empirischen Studien als unbegründet erwiesen. Zweisprachig aufwachsende Kleinkinder sprechen ihr erstes Wort im Alter von etwa einem Jahr, genau wie einsprachige. Auch im weiteren Entwicklungsverlauf zeigten sich keine nennenswerten Auffälligkeiten – zumindest keine negativen. Vielmehr haben zahlreiche Untersuchungen der vergangenen Jahre immer neue Pluspunkte zu Gunsten der Zweisprachigkeit offenbart. Die Vorteile reichen dabei von den ersten Lebensmonaten bis ins hohe Alter.

Geist & Gehirn, 6/2013. S. 34 – 39.

[1] Bilingualismus: Mehrsprachigkeitsform, bei der eine Person zwei Sprachen auf muttersprachlichem Niveau beherrscht

M3 Wie hoch ist der Anteil mehrsprachiger Personen in Deutschland?

Mehrsprachigkeit nimmt weltweit zu. Es wird geschätzt, dass mehr als die Hälfte aller Kinder inzwischen mit zwei oder mehr Sprachen aufwachsen. Auch in Deutschland nimmt der Anteil mehrsprachiger Personen und insbesondere mehrsprachig aufwachsender Kinder stetig zu. Eine genaue Schätzung ist problematisch, weil die Sprachlichkeit in den offiziellen Statistiken nicht direkt ausgewiesen wird. Die übliche Gleichsetzung von Mehrsprachigkeit und Migrationshintergrund ist jedoch sehr ungenau, da nicht alle Kinder aus Familien mit Migrationshintergrund auch mehrsprachig aufwachsen. Und umgekehrt nicht alle mehrsprachig aufwachsenden Kinder aus Familien mit Migrationshintergrund stammen. So können die geschätzten Angaben von aktuell etwa einem Drittel mehrsprachig aufwachsender Vorschulkinder (Studie aus dem Jahr 2010) nur einen ungefähren Anhaltspunkt geben.

http://www.sk.tu-dortmund.de/media/other/Mehrsprachen-Kontexte.pdf; Seitenaufruf am 11.8.15

M4 Veraltete Vorurteile

Es gibt noch immer viele Vorurteile gegen Mehrsprachigkeit und mehrsprachige Menschen. Aus der Forschung wissen wir, dass diese Vorurteile nicht stimmen.

- Für ein Kind ist es nicht verwirrend, zwei oder mehrere Sprachen zu hören und zu sprechen. Der Spracherwerb wird durch Mehrsprachigkeit nicht erschwert.
- Der gleichzeitige Erwerb von mehreren Sprachen führt nicht zu Problemen in der sprachlichen oder körperlichen Entwicklung.
- Mehrsprachigkeit führt nicht zu Sprachstörungen und verschlimmert nicht bereits vorhandene Störungen.

http://www.zas.gwz-berlin.de/fileadmin/projekte/bivem/Flyer%20So%20gehts/BIVEM-Flyerreihe2_deutsch.pdf; Seitenaufruf am 18.1.16

M5 Mehrsprachigkeit als Normalfall

Deutschland	Deutsch
Ghana	Englisch, afrikanische Sprachen
Gibraltar	Englisch (Schule und amtliche Zwecke), Spanisch, Italienisch, Portugiesisch
Grönland	Grönländisch (East Inuit), Dänisch, Englisch

http://www.welt-auf-einen-blick.de/bevoelkerung/sprachen.php; Seitenaufruf am 18.1.16

M6 Die Bedeutung von Mehrsprachigkeit für die Gesellschaft

Mehrsprachigkeit ist gesellschaftlich wichtig:
- Sprachenvielfalt im eigenen Land erleichtert und fördert Wirtschaftsbeziehungen. Für internationale Unternehmen und Organisationen zählt zwei- und mehrsprachiges Personal als wichtiger wirtschaftlicher Vorteil.
- Politisch gesehen haben Mehrsprachige eine Brückenfunktion als Vermittler zwischen verschiedenen Kulturen. Mit der Sprache lernt man auch Sichtweisen, Gespräche führen und kulturell geprägtes Verhalten. Man lernt daher auch ein Stück weit, andere Kulturen zu verstehen und damit auch eine gewisse Toleranz.
- Auch die durch Tests bewiesene höhere Kreativität mehrsprachiger Sprecher und Gruppen kann positiv für die Gesellschaft genutzt werden.

Claudia Maria Riehl: Mehrsprachigkeit. Eine Einführung. Darmstadt: Wissenschaftliche Buchgesellschaft, 2015. S. 18–19.

M7 Meinungen mehrsprachiger Jugendlicher

„Ich bin zweisprachig aufgewachsen, weil meine Mutter Deutsche ist und mein Vater Italiener. Obwohl sie auch Italienisch sprechen kann, hat meine Mutter immer Deutsch und mein Vater immer Italienisch mit mir gesprochen. Als ich noch klein war, habe ich meistens nicht auf Italienisch geantwortet, aber mein Vater hat es trotzdem mit mir gesprochen. Verstanden habe ich es auch und dann einfach auf Deutsch geantwortet – ich war einfach zu faul. In Italien selbst habe ich trotzdem keine Probleme, mich zu verständigen, und ich verstehe auch alles. Nur manchmal fehlen mir Vokabeln für besondere Dinge – darin bin ich nicht ganz so gut wie jemand, der dort aufgewachsen ist."

„Ich habe eine deutsche Mutter und einen ägyptischen Vater. In Ägypten, wo ich geboren und aufgewachsen bin, hat meine Mutter mit mir Deutsch geredet, mein Vater mit mir Arabisch. Untereinander haben sie Englisch gesprochen. Deshalb bin ich praktisch mit drei Sprachen aufgewachsen.
Hin und wieder habe ich schon Aussetzer. Dann fange ich einen Satz an und komme zu einem Wort, das ich gerade nur auf Englisch und nicht auf Deutsch weiß. Das ist eben ein Problem, wenn die einzelnen Sprachen nicht so ausgeprägt sind. Mit deutschen Fachbegriffen bin ich zum Beispiel nicht so gut. Da merkt man dann schon einen Unterschied. Ich habe auch versucht, Französisch zu lernen. Aber dadurch, dass ich die anderen drei Sprachen so nebenbei gelernt habe, keine Karteikarten mit Vokabeln auswendig lernen musste, fiel mir das schon schwer."

http://www.fluter.de/de/sprachen/erfahrungen/9446/; Seitenaufruf am 11.8.15

Glossar

Alliteration: → *Sprachliche Mittel*

Anapher: → *Sprachliche Mittel*

Anekdote: Eine Anekdote ist eine kurze, humorvolle Erzählung über eine Begebenheit, die für eine historische Persönlichkeit oder einen bestimmten Zeitraum bezeichnend ist.

Auktorialer Erzähler: → *Merkmale erzählender Texte*

Bericht: → *Journalistische Textsorten*

Diagramm: → *Grafik*

Direkte Rede: → *Merkmale erzählender Texte*

Ellipse: → *Sprachliche Mittel*

Epik: Unter diesem Begriff fasst man alle Arten der erzählenden Dichtung zusammen. Es gibt viele epische Kleinformen (→ *Erzählung*, → *Fabel*, → *Kurzgeschichte, Märchen, Sage, Schwank*). Zu den umfangreicheren epischen Texten gehört der → Roman.

Erlebte Rede: → *Merkmale erzählender Texte*

Er-/Sie-Erzählform: → *Merkmale erzählender Texte*

Erzählperspektive: → *Merkmale erzählender Texte*

Erzählung: In der Literatur versteht man unter einer Erzählung alle kurzen erzählenden Texte, die nicht eindeutig einer anderen Kurzform (→ *Fabel, Märchen, Sage, Schwank*) zugeordnet werden können.

Essay: → *Journalistische Textsorten*

Euphemismus: → *Sprachliche Mittel*

Fabel: Dies ist eine zumeist kurze Erzählung, in der Tiere oder Pflanzen sich wie Menschen verhalten. Häufig stehen sich zwei Tiere mit gegensätzlichen Eigenschaften gegenüber. Meistens wird nach einer kurzen Einführung die Handlung durch Rede und Gegenrede fortgeführt und endet mit einem überraschenden Schluss. Am Beispiel des erzählten Geschehens wird eine Lehre gezogen oder Kritik an bestimmten Verhaltensweisen geäußert.

Gedicht: → *Lyrik*

Glosse: → *Journalistische Textsorten*

Grafik: Grafiken stellen statistische Größen und Größenverhältnisse mithilfe von Diagrammen bildlich dar. Man unterscheidet folgende Typen von Diagrammen:
1. **Balkendiagramme** oder **Säulendiagramme,** die absolute Zahlen anzeigen. Die Höhe der Säule oder die Länge des Balkens gibt eine Anzahl an.
2. **Tortendiagramme** bzw. **Kreisdiagramme**, die eine prozentuale Zusammensetzung einer Gesamtmenge verdeutlichen. Der Kreis ist in mehrere Teile unterteilt, die jeweils den Anteil an der Gesamtmenge wiedergeben.
3. **Kurvendiagramme** oder **Liniendiagramme**, die eine Entwicklung anzeigen. Die Daten von verschiedenen Zeitpunkten können mithilfe eines solchen Diagramms miteinander verglichen werden.
4. **Flussdiagramme** oder **Ablaufpläne** stellen den Verlauf eines (Handlungs-)prozesses inklusive möglicher Variationen logisch dar. Sie eignen sich insbesondere, um Handlungs- bzw. Ablaufprozesse zu planen bzw. zu erklären.

Hyperbel: → *Sprachliche Mittel*

Ich-Erzählung: → *Merkmale erzählender Texte*

Indirekte Rede: → *Merkmale erzählender Texte*

Innerer Monolog: → *Merkmale erzählender Texte*

Interview: → *Journalistische Textsorten*

Ironie: → *Sprachliche Mittel*

Journalistische Textsorten:

Informierende Texte
Die **Meldung** ist die Kurzform der Nachricht. Sie enthält nur die wichtigsten Informationen (Wer? Wo? Was? Wann?). Sie steht häufig auf der ersten Seite und weist meist auf einen ausführlichen Bericht im Innenteil der Zeitung hin.

Der **Bericht** ist die ausführliche Form der Nachricht.
Er liefert eine detaillierte und sachliche Darstellung eines Sachverhalts.
Merkmale:
1. Die Überschrift (häufig mit Unterüberschrift) informiert sachlich.
2. Ein halbfett gedruckter Vorspann fasst die wichtigs-ten Informationen (W-Fragen) zusammen.
3. Im Hauptteil erfolgt eine ausführliche Darstellung der Nachricht mit Erklärung der Zusammenhänge und Hintergründe.
4. Die Darstellung ist sachlich, wertende Äußerungen durch den Berichterstatter fehlen.
5. Aussagen von Personen werden in direkter und indirekter Rede wiedergegeben.
6. Häufig ergänzt den Text ein erklärendes Bild.

Die **Reportage** ist das Ergebnis vielfältiger Nachforschungen (= Recherchen). Die Reportage will nicht nur informieren, sondern die Leser auch durch die lebendige Art der Darstellung in besonderem Maße ansprechen.
Merkmale:
1. Die Überschrift ist so formuliert, dass sie die Neugier der Leser weckt.

2. Häufig informiert ein halbfett gedruckter Vorspann über den Inhalt der Reportage.
3. Der Anfang lässt die Leser oft ein Geschehen miterleben.
4. Sachlich-informierende Textstellen wechseln mit persönlich-schildernden Darstellungen.
5. Dadurch ergibt sich oft ein Wechsel von Zeitstufen (z. B. Präteritum für Rückblick).
6. Häufig werden Aussagen von Personen in wörtlicher Rede wiedergegeben.
7. Oft findet man wertende Meinungsäußerungen der Autorin/des Autors.
8. Illustrierende oder erklärende Bilder unterstützen die Aussagen des Textes.
9. Der Name der Autorin/des Autors wird angegeben.

Das **Interview** ist das Ergebnis eines Gesprächs, in dem ein Journalist/eine Journalistin gezielte Fragen an eine Person stellt, die von ihr beantwortet werden. Das Ziel kann darin bestehen, aktuelle Informationen über bestimmte Sachverhalte zu erhalten oder die persönliche Meinung zu einem bestimmten Problem zu erfahren.

Kommentierende Texte
Der **Kommentar** liefert eine Meinung zu einem Sachverhalt. Diese kann zustimmend oder ablehnend sein.
Merkmale:
1. Häufig wird er in Verbindung mit einem Bericht oder einer Meldung geschrieben.
2. In vielen Zeitungen erscheinen die Kommentare an einer bestimmten Stelle (z. B. Kommentare zu politischen Ereignissen).
3. Kürzere Kommentare beziehen sich oft auf einen Artikel auf der gleichen Seite.
4. Die Autorin/der Autor wird genannt.
5. In der Regel verwenden Kommentare keine Bilder.

Oft haben Kommentare einen typischen Aufbau:
1. Zunächst werden die wichtigsten Informationen dargestellt, die zum Verständnis der Stellungnahme nötig sind.
2. Die Autorin/der Autor legt seine Meinung begründet dar.
3. Als Abschluss wird meist ein Wunsch oder ein Ausblick formuliert.

Die **Glosse** ist ein locker geschriebener, häufig kritisch gehaltener Kommentar zu einem aktuellen Ereignis. Glossen stehen in vielen Zeitungen und Zeitschriften an einem festen Platz, haben das gleiche Layout und sind eine Form der persönlichen Meinungsäußerung.
Merkmale:
1. Sie sind oft zugespitzt formuliert und humorvoll geschrieben.
2. Aktuelle Themen oder neue gesellschaftliche Erscheinungen werden kritisiert oder verspottet.
3. Die Kenntnis des Sachverhalts wird vorausgesetzt.
4. Sie enden oft mit einer überraschenden Wende am Schluss (Pointe).
5. In Glossen tauchen immer wieder ironische Formulierungen, sprachliche Bilder, Wortspiele, Doppeldeutigkeiten und Anspielungen auf.

Der (oder das) **Essay** ist eine kürzere, sprachlich lebendige Abhandlung, in der ein Problem von verschiedenen Seiten betrachtet und in der die persönliche Meinung der Autorin/des Autors zum Ausdruck gebracht wird.

Karikatur: Durch Über- oder Untertreibungen werden in Zeichnungen menschliche Schwächen oder Missstände kritisiert und lächerlich gemacht.

Klimax: → *Sprachliche Mittel*

Kommentar: → *Journalistische Textsorten*

Konjunktiv: Die Verbform, die wir normalerweise verwenden, nennt man **Indikativ (Wirklichkeitsform)**:
Er sagt: „Ich komme morgen."
In der indirekten Rede (→ *Merkmale erzählender Texte*) verwendet man meistens den **Konjunktiv (Möglichkeitsform)**: Er sagt, er komme morgen.
Der Konjunktiv gibt an, was ein anderer gesagt haben soll.

Kurzgeschichte: Es handelt sich um einen kürzeren erzählenden Text. Die folgenden Merkmale sind zwar typisch für Kurzgeschichten, aber nicht immer treffen alle Kriterien in gleicher Weise zu.
Merkmale:
1. Die Handlung setzt unvermittelt ein. Es fehlen einleitende Angaben zu Ort, Zeit und Personen der Erzählung.
2. Gegenstand der Kurzgeschichte sind Alltagspersonen in Alltagssituationen.
3. Die Hauptperson ist einem Problem oder einer kritischen Situation ausgesetzt.
4. Oft nimmt die Handlung eine unerwartete Wendung.
5. Der Schluss ist offen. Der Leser soll über den Fortgang der Handlung selbst nachdenken.
6. Die Darstellung der Handlung ist kurz gefasst und auf das Wesentliche beschränkt.
7. Typische Merkmale der Sprache in Kurzgeschichten:
   - Wiederholungen, Aufzählungen,
   - Umgangssprache, Jugendsprache,
   - mehrere kurze Sätze, die aufeinanderfolgen,
   - unvollständige Sätze (Ellipsen).

Lyrik: Lyrik bezeichnet Dichtung in Versform (Gedichte). Früher wurden die Verse zur Lyra, einem alten Saiteninstrument, gesungen. Deshalb sagt man auch heute noch einfach: Lyrik ist liedartige Dichtung. Viele Gedichte sind vertont worden.
Im Gedicht drückt das → *lyrische Ich* seine Gefühle, seine Stimmungen, aber auch seine Erlebnisse, Einstellungen und Gedanken aus.
Viele Gedichte sind in **Strophen** gegliedert. Mindestens zwei Verszeilen werden in einer Strophe zusammengefasst. Oft beginnt mit einer Strophe ein neuer Gedanke. Es gibt Gedichte, die zwar einem bestimmten Rhythmus folgen, aber nicht am Wort- und Versende gereimt sind. Durch **Reime** erhalten Gedichte eine bestimmte Klangwirkung. Durch den Gleichklang der Reimwörter (z. B. *küssen – müssen; Fassaden – baden*) werden oft zwei oder mehr Verszeilen miteinander verbunden.
Drei Reimformen werden besonders oft verwendet (siehe S. 142):

Paarreim
a Sonne
a Wonne
b Eis
b heiß

umarmender Reim
a Sonne
b Eis
b heiß
a Wonne

Kreuzreim
a Sonne
b Eis
a Wonne
b heiß

Unter dem **Metrum** eines Gedichts versteht man die Folge von betonten und unbetonten Silben in den Wörtern eines Verses:

x x́ x x́ x x́ x (= Jambus)
Es war, als hätt der Himmel ...
x́ x x́ x x́ x x́ x (= Trochäus)
Als ich schläfrig heut erwachte ...

Eine besondere Gedichtform stellt das **Sonett** dar. Diese Gedichtform wurde im 14.–16. Jahrhundert häufig verwendet. Sie besteht aus zwei Strophen zu vier Zeilen und zwei Strophen zu drei Zeilen. Häufig wird in den beiden Vierzeilern das Thema vorgestellt, während die abschließenden Dreizeiler eine Auswertung oder Schlussfolgerung beinhalten.

Lyrisches Ich: Das lyrische Ich kann die oder der Sprechende im Gedicht sein. Das lyrische Ich kann, muss aber nicht die Einstellung oder Stimmung der Dichterin/ des Dichters wiedergeben.

Märchen: Märchen erzählen Geschichten, die sich in Wirklichkeit nicht ereignen könnten. Oft handeln sie von Zauberern, Hexen, Feen und sprechenden Tieren. In einer räumlich und zeitlich nicht festgelegten Welt steht die Hauptfigur vor großen Gefahren und kaum lösbaren Aufgaben. Die Zahlen 3, 6, 7, 12 spielen eine besondere Rolle. Auch formelhafte Sprüche sind typisch für Märchen. Am Ende siegt meist das Gute.

Merkmale erzählender Texte: Wenn man eine Erzählung analysieren will, ist die genaue Untersuchung von folgenden Merkmalen wichtig:

1. **Erzählform:** Ein Autor kann in unterschiedlicher Weise erzählen. Daher unterscheidet man:
   Ich-Form: Das Geschehen, aber auch Gedanken und Gefühle werden aus der Sicht einer bestimmten Figur in der 1. Person erzählt: *Meine Eltern schlafen sicher schon. Mir aber dreht sich der Kopf, und ich komm nicht zur Ruhe. Was soll ich nur tun? Könnte ich doch nur die Zeit um einen halben Tag zurückdrehen!*
   Er-/Sie-Form: Der Erzähler stellt seine Personen in der dritten Person vor. Er kann dabei **als auktorialer Erzähler (auktoriales Erzählverhalten/auktoriales Erzählen)** auftreten. Der Autor ist der Allwissende, der das Geschehen von außen erzählt und auch mehr weiß als die Figuren des Geschehens und daher Ereignisse voraussehen oder auf sie zurückblicken und sie kommentieren kann.
   Jan vermutete, dass seine Eltern schon schliefen, während er sich im Bett wälzte und sich heftige Vorwürfe machte. Ein bisschen tat er sich auch selbst leid. Seine Eltern schliefen jedoch keineswegs, sondern fassten einen Entschluss.
   Der Erzähler kann aber auch in der 3. Person aus der Sicht einer Person die Geschichte erzählen und kommentieren. Man spricht dann von einem **personalen Erzähler (personales Erzählverhalten/personales Erzählen):**
   Jan wälzte sich im Bett und fand keine Ruh. Sicher würden seine Eltern schon schlafen. Warum nur konnte er die Zeit nicht zurückdrehen, nur einen halben Tag?
   Der Erzähler kann die Ereignisse aber auch von außen schildern und sich dabei auf die reine Wiedergabe der Handlung beschränken. Er gibt keine Kommentare oder Erklärungen ab. Man spricht dann von einem **neutralen Erzähler (neutrales Erzählverhalten/neutrales Erzählen):**
   Jan fuhr mit dem Fahrrad zum Training. Auf dem Sportplatz war niemand. „Wo seid ihr?“, rief Jan. Er stellte sein Fahrrad ab und setzte sich auf eine Bank.

2. **Zeitverhältnisse:** Wenn ein Erzähler ein Geschehen, das in der Realität sehr kurz ist, sehr ausführlich darstellt und kommentiert, spricht man von **Zeitdehnung:**
   In diesem Augenblick des Fallens liefen die Ereignisse der letzten Tage in seinem Kopf wie in einem Film ab: die Begegnung mit seinem Vater, sein unbeherrschtes Verhalten Marion gegenüber und das Treffen mit dem großen Unbekannten, der ihn in diese ausweglose Situation gebracht hatte.
   Von **Zeitraffung** hingegen spricht man, wenn der Autor ein Geschehen, das in der Realität länger dauert, zusammenfasst, nur andeutet oder überspringt:
   Als Jan Stunden später im Krankenhaus aufwachte, hatte er Mühe, sich zurechtzufinden.
   Stimmen die erzählte Zeit und die Erzählzeit überein, laufen also die Handlung im Text und in der Realität ungefähr gleich schnell ab, spricht man von **Zeitdeckung.**

3. **Redeformen:** Der Erzähler kann unterschiedliche Redeformen verwenden.
   Direkte Rede: In wörtlicher Rede werden Äußerungen und Gedanken wiedergegeben: *Jan war aufgebracht: „Was wissen Sie schon, was geschehen ist!“*
   Indirekte Rede: Äußerungen werden vom Erzähler wiedergegeben, zumeist unter Verwendung des → Konjunktivs: *Vollkommen unbeherrscht machte er allen um ihn Stehenden Vorwürfe, dass schließlich niemand gekommen sei, ihm zu helfen, und er daher ganz allein auf sich selbst gestellt gewesen sei.*
   Erlebte Rede: Der Erzähler gibt die Gedanken und Gefühle in der 3. Person und meistens im Präteritum wieder: *Als alle den Raum verlassen hatten, war Jan sehr niedergeschlagen. War es nicht auch sein Fehler, dass es so weit gekommen war? War er nicht einfach zu stolz gewesen?*

Innerer Monolog: Die Gedanken und Gefühle werden in der Ich-Form dargestellt, häufig im Präsens: *Jan nahm sein Handy und suchte die Nummer von Marion. Ich werde ihr alles erklären. Ich werde sie nicht um Verzeihung bitten, denn mein Verhalten kann man nicht entschuldigen.*

4. **Satzbau:** Man unterscheidet folgende Möglichkeiten des Satzbaus:
   - **Satzreihe (Parataxe):** Es werden nur Hauptsätze aneinandergereiht. Häufig sind sie kurz: *Jan schwieg. Sein Puls raste. Blut schoss ihm in den Kopf. Dann sprang er auf.*
   - **Satzgefüge (Hypotaxe):** Darunter versteht man den Verbund von Haupt- und Nebensätzen: *Als er die Tür öffnete* (Nebensatz), *blies ihm ein kalter Wind entgegen* (Hauptsatz), *der schon vor geraumer Zeit begonnen hatte zu wehen und sich nun zu einem Sturm entwickelte* (Relativsatz).
   - **Unvollständige Sätze (Ellipse):** → *Sprachliche Mittel*

   Die Wirkung dieser Satzformen kann sehr unterschiedlich sein und kann nur aus dem Zusammenhang des Textes erschlossen werden.

5. **Sprachliche Mittel:** → *Sprachliche Mittel*

Metapher: → *Sprachliche Mittel*

Metrum: → *Lyrik*

Neologismus: → *Sprachliche Mittel*

Operatoren: In jeder Aufgabenstellung werden Anweisungen gegeben. Diese Anweisungen bezeichnet man als Operatoren. Wichtige Operatoren sind:
zusammenfassen (Inhalte, Aussagen und Zusammenhänge komprimiert und strukturiert wiedergeben),
beschreiben (Textaussagen in eigenen Worten strukturiert wiedergeben),
(be)nennen (Informationen zusammentragen),
darstellen (Inhalte, Aussagen oder Zusammenhänge sachlich und strukturiert formulieren),
erläutern (Textaussagen oder Sachverhalte auf der Basis von Kenntnissen/Einsichten darstellen und durch Informationen/Beispiele veranschaulichen),
erklären (Textaussagen oder Sachverhalte auf der Basis von Kenntnissen und Einsichten darstellen),
bewerten (zu einer Textaussage, einem Sachverhalt ein selbstständiges Urteil abgeben und dabei die eigenen Wertmaßstäbe offenlegen),
begründen (eigene Aussagen erklären, z. B. durch Konjunktionen (*weil, denn, ...*) einleiten),
schlussfolgern (auf der Grundlage gegebener Informationen zu eigenen Erkenntnissen gelangen),
Stellung nehmen (eine Problemstellung oder einen Sachverhalt auf der Grundlage von Kenntnissen, Einsichten und Erfahrungen kritisch prüfen und die Einschätzung sorgfältig abwägend formulieren),
verfassen (einen Text unter Beachtung der Vorgaben für eine bestimmte Textsorte formulieren).

Parabel: Eine lehrhafte Erzählung über eine allgemeine Erkenntnis oder Wahrheit, in der anders als im Gleichnis der direkte Vergleich mit dem Vergleichswort „wie" fehlt. Die Parabel enthält eine Sachebene (Sachteil) und eine Bildebene (Bildteil). Die Leser müssen selbstständig von der Bildebene auf die Sachebene schließen.

Paradoxon: → *Sprachliche Mittel*

Parallelismus: → *Sprachliche Mittel*

Personaler Erzähler: → *Merkmale erzählender Texte*

Personifikation: → *Sprachliche Mittel*

Redeformen: → *Merkmale erzählender Texte*

Reim: → *Lyrik*

Reportage: → *Journalistische Textsorten*

Rhetorische Frage: → *Sprachliche Mittel*

Roman: Der Roman ist eine lange Erzählung, die zwischen hundert und mehreren tausend Seiten umfassen kann. Im Zentrum eines Romans steht oft die ausführliche Schilderung der problematischen Situation eines Einzelnen. Beschrieben wird, wie er in seiner Umgebung und mit seinen Mitmenschen lebt, sich verändert und entwickelt.

Rückblick: Vor allem in der → *Epik* (Erzählung, Roman) gibt es solche Einschübe, die vor der Zeit der eigentlichen Handlung spielen. Sie dienen dazu, die jetzige Situation oder das Handeln einer Figur zu erklären.

Sachtext: Ein Sachtext informiert über Tatsachen, Vorgänge und Sachverhalte. Er kann z. B. über die Tier- oder Pflanzenwelt informieren oder über bedeutsame Ereignisse. Sachtexte findet man in Zeitungen, Zeitschriften (→ *Journalistische Textsorten)* oder in Sach- oder Schulbüchern.

Satire: Eine satirische Darstellung zeigt menschliche Schwächen oder Fehler in stark übertriebener Darstellungsweise auf. Sie will diese lächerlich machen, zum Nachdenken anregen, kritisieren und häufig auch eine Änderung von Verhaltensweisen bewirken. Satire kann in den verschiedensten Textsorten auftreten.

Merkmale:
1. Ironie → *Sprachliche Mittel*
2. Übertreibungen und überzogene Vergleiche
3. Verspottungen durch ins Lächerliche gezogene Situationen
4. Wortspiele

Satzgefüge: → *Merkmale erzählender Texte*

Satzreihe: → *Merkmale erzählender Texte*

Sprachliche Mittel: Nahezu in allen Texten werden gezielt sprachliche Mittel eingesetzt, um bestimmte

Wirkungen zu erzielen (siehe Übersicht am Ende dieser Seite).

Sonett: → *Lyrik*

Strophe: → *Lyrik*

Umarmender Reim: → *Lyrik*

Vergleich: → *Sprachliche Mittel*

Vers: → *Lyrik*

Vorausdeutung: Vor allem in der → *Epik* (Erzählung, Roman) gibt es solche Hinweise auf das, was nach der Zeit der eigentlichen Handlung passiert. Vorausdeutungen dienen einerseits dazu, das Interesse an der weiteren Entwicklung zu wecken, ordnen das Geschehen aber auch in einen Gesamtzusammenhang ein.

Zeitdeckung: → *Merkmale erzählender Texte*

Zeitdehnung: → *Merkmale erzählender Texte*

Zeitraffung: → *Merkmale erzählender Texte*

Zeitverhältnisse: → *Merkmale erzählender Texte*

Sprachliche Mittel	Erläuterung	Beispiel	mögliche Wirkung
Alliteration, die	Wiederholung von Anfangslauten bei aufeinanderfolgenden Wörtern	Milch macht müde Männer munter.	emotionale Verstärkung des gewünschten Eindrucks
Anapher, die	Wiederholung derselben Wortgruppe an Satz-/Versanfängen	Worte sind verletzend. Worte sind unersetzlich.	Eindringlichkeit; Rhythmisierung erreichen
Ellipse, die	unvollständiger Satz, der aber sinngemäß leicht zu ergänzen ist	Feuer! / Je früher der Ab-schied, desto kürzer die Qual.	der wichtigste Aspekt soll hervorgehoben werden
Euphemismus, der	Beschönigung	vollschlank statt dick / ein-geschlafen statt gestorben	abgemilderte Negativbotschaft, taktisches Verhalten
Hyperbel, die	starke Unter- oder Übertreibung	Es ist zum Haareausraufen! / ein Meer von Tränen	Dramatisierung; starke Veranschaulichung
Ironie, die	Äußerung, die durchblicken lässt, dass das Gegenteil gemeint ist	Das hast du ja ganz toll hinbekommen! / Vier Wochen Regen. Super!	Herabsetzung; kritische Anmerkung; Stellungnahme
Klimax, die	Steigerung; meist dreigliedrig	Er kam, sah und siegte.	Dramatisierung
Metapher, die	verkürzter Vergleich, Verwendung eines Wortes in übertragener Bedeutung	Geldwäsche / Er war ein Löwe in der Schlacht. / Du bist meine Sonne.	Veranschaulichung
Neologismus, der	Wortneuschöpfung	Mobbing / Gammelfleisch / unkaputtbar (Werbesprache)	Hervorhebung
Oxymoron, das	Verbindung von sich ausschließenden Begriffen	Weniger ist mehr / Eile mit Weile / unblutiger Krieg	Verdeutlichung; Ausdruck von Widersprüchlichkeit
Paradoxon, das	Zusammenstellung von Wörtern, die sich eigentlich widersprechen	bittersüß / Vor lauter Individualismus tragen sie eine Uniform.	starker Anreiz zum Nachdenken
Parallelismus, der	Wiederholung gleicher Satzstrukturen	Ein Blitz leuchtete, der Donner folgte, ein Gewitter setzte ein.	Dramatisierung, Intensivierung
Personifikation, die	Vermenschlichung; Gegenstände oder Tiere erhalten die Eigenschaften oder Fähigkeiten von Menschen	Die Sonne lacht. / Die Smileys haben uns fest im Griff. / Mutter Natur	lebendige und anschauliche Darstellung
Rhetorische Frage, die	scheinbare Frage, deren Antwort jeder kennt; Leser und Zuhörer müssen zustimmen, da ihr Einverständnis vorausgesetzt wird	Gibt es den idealen Menschen? / Wer ist schon perfekt? / Wer glaubt denn das noch?	Mobilisierung einer bestätigenden Reaktion der Leser
Vergleich, der	Verknüpfung zweier Begriffe mit *wie*	Der Kämpfer ist stark wie ein Löwe.	anschauliche Darstellung